Die offene Gesellschaft und ihre Grenzen

Wolfgang Engler

Die offene Gesellschaft und ihre Grenzen

Matthes & Seitz Berlin

INHALT

1989: Beredtes Schweigen ... 7

Die offene, die geschlossene und die abstrakte Gesellschaft ... 18

Die offene Gesellschaft: Eigentum und Markt und Freiheit – und ein Maisfeld ... 29

Die offene Gesellschaft als Risikogesellschaft par excellence ... 39

Die Macht der Verhältnisse und die Öffnung nach unten ... 44

Individualismus vs. Solidarismus ... 50

Abschied von gestern ... 64

Eine Frage der Präferenzen ... 74

Die Büchse der Pandora ... 81

Monetärer Panoptismus ... 89

Wer nicht arbeitet, soll auch nicht tanzen ... 94

Kollektiver Individualismus: Abschied von der Arbeiterklasse? ... 99

Die ominöse Mitte der Gesellschaft ... 106

Die Grenzen der offenen Gesellschaft ... 111

Schubumkehr: unten offen, oben zu ... 115

Exit: Die Mobilen und die Sesshaften ... 127

Die Öffnung nach innen und das Ringen um kulturelle Hegemonie ... 134

Individualisiert Euch! Alle! ... 151

Unklare Allianzen	161
Die Öffnung nach vorn	171
30 Jahre danach	179
Postscriptum: Lockdown. Die offene Gesellschaft geht viral	184
Anmerkungen	195

1989: BEREDTES SCHWEIGEN

In Defense of Open Society – Für die Verteidigung der offenen Gesellschaft – ist der Titel des jüngsten Buches des US-amerikanischen Finanzmagnaten und Mäzens George Soros. In den darin versammelten Aufsätzen geht es um akademische Freiheit, die Theorie der Finanzmärkte, die Herausforderungen der Europäischen Union – und dies in klarer Frontstellung zu Nationalismus, Rassismus sowie zur Neuen Rechten. Der Autor gibt sich kämpferisch, und so klingt auch die Ankündigung des amerikanischen Verlags: »a clarion call-to-arms for the ideals of open society«. Soros besitzt ein feines Gespür für Trends und Trendbrüche, für Krisen, einschließlich solcher, die er selbst mit auslöste, wie 1990, als er gegen das britische Pfund spekulierte, oder 1998, als seine Äußerungen dazu beitrugen, dass der Kurs des Rubel einen historischen Absturz und der russische Staat einen Finanzkollaps erlitt, der beinahe das globale Finanzsystem in den Abgrund gerissen hätte.

In Defense of ist eine Verteidigungsschrift der offenen Gesellschaft, welche dies offenkundig nötig hat, und das seit geraumer Zeit, wie Soros meint.

Dabei befand sich die offene Gesellschaft lange Zeit in der Offensive. Mauern fielen, der Handel globalisierte sich, Zivilgesellschaften erstarkten mit neuem Selbstbewusstsein. Lässt sich eine Zäsur bestimmen, die den Umschwung zur Defensive bewirkte? Oder vollzog er sich in Schüben, entlang mehrerer Einschnitte? Und welche Bedeutung kommt in diesem Zusammenhang der Epochenwende von 1989 zu? Offenbarte sie mitten im Freudentaumel womöglich Gebrechen, blinde Flecken der offenen Gesellschaft, die seither immer fasslicher zutage traten?

Es liegt immer etwas Unaufrichtiges in der Erzählung, wenn man früheren Zeiten spätere Erkenntnisse unterschiebt. So war zumindest mir, als ich mich am 4. November 1989 mit Hunderttausenden am Berliner Alexanderplatz versammelte, nicht klar, welche Einsicht hier auf mich wartete und wie lange sie benötigen würde, um wirklich durchzudringen. Künstler hatten die Großdemonstration angemeldet und vorbereitet, und so ergriffen außer einigen Partei- und Staatsfunktionären vor allem sie das Wort. Ein Wort, *das* Wort, das sie so gut wie durchgehend im Munde führten, lautete »Offenheit«. Von offenen Fenstern war die Rede, von frischer Luft, von Durchzug, freiem Atmen, und jedes Mal erhob sich Jubel aus der Menge. Nur ein Einziger aus diesem Kreis schlug andere Töne an, goss Wasser in den Wein: Heiner Müller.

Schon der Auftakt seiner Rede trübte die Feierlaune, versah die Verbrüderung von Künstlern und Volk mit einem großen Fragezeichen:

»Ein Ergebnis bisheriger DDR-Politik ist die Trennung der Künstler von der Bevölkerung durch Privilegien. Wir brauchen Solidarität statt Privilegien.« Dem stimmte das Publikum durch zögerliches Klatschen zu. Dann ließ Müller das vorbereitete Redeskript auf sich beruhen und verlas stattdessen einen Aufruf der Initiative für unabhängige Gewerkschaften, der ihm kurz zuvor zugesteckt worden war. Darin rechneten die Autoren zunächst mit dem FDGB, der Staatsgewerkschaft der DDR, ab, fragten rhetorisch, wann dieser je etwas für die Werktätigen gegen den Staat und die Partei durchgesetzt hätte. Kräftiger Applaus an dieser Stelle für den Vortrag des Dramatikers, auch für den nächsten Satz: »40 Jahre ohne eigene Interessenvertretung sind genug.«

Was nun folgte, war eine Entfremdung im Eiltempo zwischen Redner und Auditorium: »Wir müssen uns selbst organisieren. Die nächsten Jahre werden für uns kein Zuckerschlecken. Die Daumenschrauben sollen angezogen werden. Die Preise werden steigen, die Löhne kaum. Wenn Subventionen wegfallen, dann trifft das vor allem uns. Der Staat fordert Leistung, bald wird er mit Entlassungen drohen. Wir sollen die Karre aus dem Dreck ziehen. Wenn der Lebensstandard für die meisten von uns nicht erheblich sinken soll, brauchen wir eigene Interessenvertretungen. Gründet unabhängige Gewerkschaften!«

Man spürt beim Nachhören die Irritation der Angesprochenen, erste Pfiffe werden laut, vereinzelte Rufe, »Aufhören!«, von anderen aufgegriffen, müder Applaus beim Gründungsappell. Mit knapper Not rettet sich Müller in seinen letzten, persönlichen Satz, den das Publikum dann wieder akklamiert: »Wenn in der nächsten Woche die Regierung zurücktreten sollte, darf auf Demonstrationen getanzt werden!«.

Ein denkwürdiger Auftritt an einem denkwürdigen Tag. Müller fungierte als Sprachrohr der Gewerkschaftsaktivisten, ebenso, wenngleich unausgesprochen, als das seiner Schriftsteller- und Künstlerkollegen. Seine Sorgen, die weitere Entwicklung betreffend, waren ihre Sorgen, seine Distanz zum Volk spiegelte die Entfernung der Kulturschaffenden vom Gros der Demonstranten. Bedenken, Warnungen waren das Letzte, was die Leute zu diesem Anlass hören wollten. Sie witterten Halbherzigkeit der Wortführer, faule Kompromisse mit den Oberen, und davon hatten sie genug. Müllers Ansprache bekräftigte insofern das Trennende, von dem sie ihren Ausgang genommen hatte, wobei genau das hatte vermieden werden sollen.

Es blieb die einzige Störung dieser langen Stunde öffentlichen Glücks. Ansonsten herrschte heiteres Einvernehmen zwischen Tribüne und weitem Rund. Demokratie, Rechtsstaat, Reisefreiheit, Pressefreiheit, Versammlungsfreiheit, Öffentlichkeit, Kritik, die Essenz dessen, was man seit Popper »offene Gesellschaft« nennt, schwebte über den Köpfen der

Versammelten, begeisterte die Massen. Es schien, als sei an diesem Tag, an diesem Ort die Marschroute für die künftige Entwicklung der Menschheit feierlich verabschiedet worden.

Dass mitten im Triumph der offenen Gesellschaft für einen Wimpernschlag ihr Unterbau in den Blick kam, dass genau dieser Umstand Abwehrhaltungen hervorrief, weil man das nicht hören wollte, nicht jetzt, nicht hier, auch später nicht, als die Übernahme des Ostens durch den Westen längst besiegelt war, ist für den Gedankengang dieses Buches wegweisend. Der Vorgang beleuchtet die Verführungskraft, die von der »offenen Gesellschaft« bis heute ausgeht und der man widerstehen muss, um ihre Möglichkeiten und Grenzen nüchtern zu erkunden. Um es in einem Satz zu sagen: Die offene Gesellschaft ist die *verhimmelte* bürgerliche Gesellschaft, die sie voraussetzt und auf der sie aufbaut.

Dieser Himmel entspringt nicht der Einbildung. Wäre es so, dann fiele die Beschäftigung mit der offenen Gesellschaft in den Zuständigkeitsbereich der Ideologiekritik. Er ist vielmehr real, zugänglich, bewohnbar. Eine Sphäre oberhalb von Herkunft, Mitgift, sozialer Stellung, ein Freiraum, in dem die Individuen mit- und gegeneinander zum Ausdruck bringen, was sie meinen, für richtig halten, wollen, in dem nichts und niemand davor gefeit ist, bezweifelt, kritisiert zu werden. Die aufsteigende Linie offener Gesellschaften verläuft entlang von Raumgewinnen. Von der Gesellschaft der (männlichen) Eigentümer über die Bürgergesellschaft hin zur Gesellschaft der Individuen weitet sich der Kreis der Mitwirkenden ebenso wie die Mitwirkungsrechte, der Radius des persönlichen oder gemeinschaftlichen Engagements. In absteigender Linie schrumpft der Freiraum im Zuge der Aufrichtung kultureller, sozialökonomischer Barrieren zusammen, soziale Schutzrechte, Partizipationschancen stehen neuerlich infrage.

Diese Hemmnisse zu unterschätzen oder, wie im 89er-Aufbruch, gänzlich auszublenden, rächt sich schnell und bitter. Man berauscht sich an Freiheitsversprechen, Freiheitsgewinnen und ist nicht auf der Hut, wenn diese im Windschatten der allgemeinen Euphorie unbemerkt gebrochen oder zurückgeschnitten werden. Einmal verlorenes Terrain neu zu besiedeln ist unter normalen Umständen so gut wie ausgeschlossen. Und so, aus der Allmende vertrieben, verbringen die weitaus meisten Menschen auf dieser Erde ihr reales Leben an Orten, die weithin frei von Freiheit sind, in keiner Weise offen und vielmehr vormundschaftlich ausgerichtet, wie Elizabeth Anderson betont:

»Die Mehrzahl der Arbeitnehmer in den Vereinigten Staaten wird im Arbeitsleben von kommunistischen Diktaturen regiert. Diese Diktaturen haben gewöhnlich die gesetzliche Autorität, das außerdienstliche Leben ihrer Arbeiter ebenfalls zu regeln – ihre politischen Aktivitäten, sprachlichen Äußerungen, Wahl des Sexualpartners, Gebrauch von Freizeitdrogen, Alkohol, Rauchen und Sport. Da die meisten Arbeitgeber diese Autorität über ihre Freizeit unregelmäßig, willkürlich und unangekündigt in Anspruch nehmen, ist vielen Arbeitnehmern gar nicht bewusst, wie umfassend sie ist (...). Arbeitgeber, die entschlossen sind, die Gewerkschaften draußen zu halten, kündigen umgehend jeden, der es wagt, diese auch nur zu erwähnen, und die Kosten eines Rechtsstreits machen es den Arbeitnehmern unmöglich, sie dafür zu belangen.«[1]

Man wird einwenden, diese Beobachtungen seien stark auf die Vereinigten Staaten gemünzt. Das mag sein, aber globale Unternehmen aus diesem Land exportieren zugleich mit ihrem Kapital ihre herrschsüchtigen Geschäftsmethoden, verpflanzen sie rund um den Globus und finden Nachahmer in großer Zahl. Um den sozialstaatlich disziplinierten Kapitalismus westeuropäischer Bauart gründlich zu »modernisieren«, kamen die US-amerikanischen Wertschöpfungspraktiken ohnehin wie gerufen.

»Warum wir nicht darüber reden«, heißt es im Untertitel des soeben zitierten Buches. Der Grund ist recht simpel: Weil es als unziemlich gilt, den liberalen Westen mit »Kommunismus« zu traktieren, schon gar in seinem Kernbereich, der freien Marktwirtschaft. So wie es 1989 als unziemlich galt, von »Kapitalismus« zu reden, wenn das Gespräch auf westliche Gesellschaften kam. Die waren »freie«, »demokratische«, »offene« Gesellschaften, und damit hatte es sein Bewenden. Das änderte sich im Verlauf der 1990er-Jahre. Der »Schönheitswettbewerb« der Systeme war abgeblasen, Kosmetik hinfort entbehrlich, der Marxismus ein »toter Hund«. Man konnte wieder Klartext sprechen, und so kam der »vulgärmarxistische« Kampfbegriff »Kapitalismus« zu neuen Ehren. Man bediente sich seiner in den Chefetagen als Ausweis neuen Selbstbewusstseins ohne Scheu, freute sich der Volte, die die Geschichte geschlagen hatte.

Bei der Betrachtung offener Gesellschaften hinter den Bekennermut der Oberen zurückzufallen wäre unverzeihlich. Der Kapitalismus bildet den Kontext, in dem sich das Auf und Ab offener Gesellschaften vollzieht; dieser Richtschnur folgt meine Darstellung Kapitel für Kapitel, ohne dabei die soziale und kulturelle Eigendynamik außer Acht zu lassen, die gesellschaftlichen Öffnungs- wie Schließungsschüben innewohnt. Dabei tritt das Paradox zutage, dass die weitaus größten Gefahren für Freiheit und Offenheit von der Rekapitalisierung sämtlicher Lebensbereiche unter neoliberalen Vorzeichen ausgehen. Besonders dramatisch zeigte sich dies im Zuge und im Nachgang der Weltfinanzkrise von 2008/09, der deshalb einige Seiten gewidmet sind. Die systemische Intransparenz entfesselter Spekulationsmärkte bildet den denkbar größten Widerspruch zu den Zwecken offener Gesellschaften und wirft ganz allgemein die Frage nach dem sozialen Gebrauchswert dieser Art von Kapitalismus auf.

Wenn es zu diesem Buch noch eines äußeren Anstoßes bedurft hätte, dann verdankte ich ihn Hans-Olaf Henkel. Ich entsinne mich noch gut der Diskussion, die wir vor Jahren in der Berliner Urania führten. Gegenstand war mein kurz zuvor erschienenes Buch *Die Ostdeutschen als Avantgarde*. Ich mühte mich redlich, dessen Grundgedanken zu rekapitulieren, darzutun, warum der jahrzehntelange realsozialistische Umgang mit Ungewissheit, Mangel, Stockungen im Produktionsablauf und Engpässen aller Art kollektive Dispositionen erzeugt hatte, die sich unter den verflüssigten Verhältnissen des Postfordismus als brauchbar erwiesen. Davon wollte mein Gegenüber, viele Jahre Präsident des Bundesverbandes der Deutschen Industrie, nichts hören. Dafür lobte er den Titel des Buches in den höchsten Tönen. Avantgarde sei die Bestimmung der Ostdeutschen, ja der Osten Europas sei insgesamt dazu berufen, Schranken freien Wirtschaftens sozialer, rechtlicher, politischer Art aus dem Weg zu räumen. Der Westen könnte sich am Vorbild dieses ›verschlankten‹ Liberalismus dann seinerseits erneuern, das sozial abgespeckte Modell reimportieren. Diese Uminterpretation meiner Gedanken verschlug mir in dem Moment die Sprache, ich zog in der Debatte den Kürzeren und ärgerte mich im Anschluss, meinem Widerpart die passende Antwort schuldig geblieben zu sein. Das hole ich jetzt nach. Dass es den Marktradikalen Henkel in der Folge an die Seite der rechtspopulistischen AfD führte, ist mehr als eine Randglosse zur politischen Dynamik der beiden letzten Dekaden.

Im Rückblick ist der Flankenschutz der »offenen Gesellschaft« für die Landnahme des Kapitalismus nach 1989 unverkennbar. Die Menschen wurden, was sie werden wollten, freie Bürger, zugleich damit doppelt freie Arbeitnehmer und dann, speziell im Osten Deutschlands, in Scharen Bürger ohne Arbeit. So war das mit der Freiheit nicht gemeint. Die Freude über das Erreichte schlug in Empörung über den Entzug der Existenzgrundlagen um. Die Leute kämpften, Belegschaft für Belegschaft, gegen die wirtschaftliche Radikalkur.

Vergeblich, in den meisten Fällen. »Privatisierung vor Sanierung« hieß die Devise, was de facto auf die Abwicklung bzw. »Skelettierung« all jener Unternehmen hinauslief, für die sich keine Käufer oder nur solche fanden, die Marktbereinigung bezweckten und sich missliebiger Konkurrenz aus dem Osten entledigen wollten. Allein bis Ende 1992 ereilte mehr als 10 000 der 12 534 Staatsbetriebe, die der Treuhand unterstanden, dieses Schicksal.[2] Millionen von Menschen schlagartig ökonomisch auf Entzug – der Keim für das Unbehagen an den Verheißungen der neuen Zeit, hier wurde er gelegt.

Radikale, neoliberale Wirtschaftsreformen prägen die 1990er-Jahre auch in den meisten anderen ost- und mitteleuropäischen Staaten; »Kopfsprung in den Kapitalismus« nannte man das im Alltagsjargon: Freigabe der Preise, Benachteiligung der Staatsbetriebe per Gesetz, Schließung genossenschaftlicher Unternehmen, Marginalisierung der Gewerkschaften, Flexibilisierung der Arbeitsverhältnisse, Entlassungswellen, Abwanderung in der Größenordnung von Millionen. Diskursbestimmend waren jedoch nicht diese harten Tatsachen, sondern, wie in Ostdeutschland, die Feier von Freiheit und offener Gesellschaft, blumige Umschreibungen brutaler Vorgänge wie in unserem östlichen Nachbarland: »Die Prozesse, die in Polen nach dem Jahr 1989 stattfanden, gingen in einem ›demokratischen‹, ›freien‹, ›souveränen‹, ›postkommunistischen‹, ›westlichen‹ oder ›europäischen‹ Land vonstatten, aber fast nie in einem ›kapitalistischen‹. Der letzte Begriff wurde aus unserem Lexikon gestrichen.«[3]

Die Erinnerung ließ sich dadurch nicht auslöschen. 2009 sollten junge Polen in einem Wettbewerb Auskunft darüber geben, was sie mit dem gesellschaftlichen Umbau seit 1990 verbinden. Obwohl sich das Land zu der Zeit wirtschaftlich gut erholt hatte, berichteten viele über Arbeitslosigkeit, die allgemeine Verunsicherung, den Zerfall der Gemeinschaft gleich nach dem Systemwechsel. Solche Erzählungen zirkulieren in allen postkommunistischen Gesellschaften, Russen,

Ungarn, Slowaken, Rumänen traf der Schock etwas später, Mitte, Ende der 1990er-Jahre, aber auch dort bilden sie einen starken Kontrast zum offiziös Memorierten. In ihrer missbräuchlichen Form ist die »offene Gesellschaft« ein beredtes Schweigenarrativ, und dieses zeitigt höchst unliebsame Folgen. Nationalisten, radikale Rechte griffen diese Erfahrungen auf, gewannen die Wendegeschädigten mit dem Versprechen, das Schweigen zu beenden und endlich zur Sprache zu bringen, was sie so lange umgetrieben hatte.

Um die Defensive der offenen Gesellschaft in ihrer globalen Dimension zu erfassen, muss man weiter in der Geschichte zurückgehen, in die späten 1970er-, frühen 1980er-Jahre. Der zeitgleiche Paradigmenwechsel ökonomischer Modelle und politischer Konzepte spaltete die bis dahin um eine breite Mitte gruppierten Sozialfraktionen in Gewinner und Verlierer auf. Viele kamen nun nicht mehr mit, traten auf der Stelle oder fielen zurück, vererbten diese deprimierende Erfahrung an die Jüngeren. Infolge des Entzugs auskömmlicher Ressourcen für soziale Teilhabe und Mitwirkung am Gemeinwohl verengte sich der Kreis der Unterstützer, der Verteidiger der offenen Gesellschaft zusehends. Der Himmel stürzte nicht ein, aber er senkte sich bedenklich. Wem der Kapitalismus tagtäglich auf den Pelz rückt, vergisst nur allzu leicht, dass er auch in einer offenen Gesellschaft lebt, kehrt sich von ihr ab, steht beiseite, wenn sie herausgefordert wird.

Oder er schließt sich, wenn die Bedrängnis überhandnimmt, ihren Widersachern an, und verlässt unter »anschwellendem Bocksgesang« die Zone der Duldsamkeit. Öffentlich unsichtbar, vergessen, im Stich gelassen, warteten die vom Fortschritt Gebeutelten darauf, wahrgenommen, ermutigt, wieder zum Akteur zu werden. Politiker vom rechten Rand nahmen sich ihrer an, sammelten ein, was neoliberale Reformen und kulturelle Ausgrenzungsprozesse an Enttäuschung und Wut angehäuft hatten. Es kam zum Gegenschlag, die Torwächter des Diskurses wurden zur bevorzugten Zielscheibe des von ihnen mit großgezogenen Unmuts. Gleich mehrere Kapitel im Mittelteil des Buches beleuchten die Machtkämpfe und Machtverschiebungen zwischen den gesellschaftlichen Gruppen, den Wiedereintritt der Abgeschriebenen in die politische Arena, den Aufstieg der Absteiger.

Den kulturellen Zerwürfnissen der offenen Gesellschaft wende ich mich im Schlussteil näher zu. Das geschieht nicht in der Absicht, den Streit weiter anzufachen, sondern aus dem einzigen Grund, dass in diesen Auseinandersetzungen, der Art, wie sie ausgetragen werden, just das auf dem Spiel steht, was das Wesen offener Gesellschaften ausmacht: geistige Offenheit, unbefangener Austausch, die Bereitschaft, einander zuzuhören, dem Gegenüber redliche Absichten zu attestieren. Wenn das nicht geht, geht nichts mehr, dann schließt sich dieser Raum der Liberalität, den wir gerade heute dringend nötig haben.

Nur in einem Klima wechselseitiger Aufgeschlossenheit und Lernbereitschaft kann die Zukunftsfrage schlechthin, die nach der ökologischen Kompatibilität unserer Gesellschaften, erfolgversprechend verhandelt und beantwortet werden. Ohne die Übereinkunft, dass auch existenzielle Fragen Streit in der Sache einschließen, Streit, den man aushalten muss, scheitert zusammen mit der Öffnung nach vorn das Projekt der offenen Gesellschaft insgesamt.

Warum sich jede Mühe lohnt, für offene Gesellschaften einzutreten, dafür lieferte das Jahr 1989 unschlagbare Argumente. Der Himmel teilte sich nicht mehr. Alles schien damals offen. Alle Welt diskutierte, gründete runde Tische, schrieb Manifeste, entwickelte Programme, wie es nun weitergehen sollte im Osten und überhaupt. Es war nicht wichtig, wer man war, woher man kam, welchen sozialen Dialekt man sprach. Wichtig war allein, was man zu sagen hatte, welche Vorschläge man unterbreitete und dass man gelten ließ, was andere dachten. »Sozialismus«, das klang noch nicht verächtlich, nur musste er demokratisch sein, demokratisch werden. Gemeineigentum, soziale Grundrechte mit politischer Selbstbestimmung gepaart – in dieser Perspektive fanden sich so gut wie alle wieder. Der Ausnahmezustand dauerte einige Wochen, wenige Monate, dann ging der »Wahnsinn« zu Ende. Es war die beste Zeit.

Kaum jemand in diesem Umbruchjahr, der offenen Gesellschaften keine glänzende Zukunft prophezeit hätte. Kaum jemand, der dreißig Jahre später ohne jede Wehmut angesichts verpasster Chancen an diese mit großer Zuversicht erfüllte Stimmungslage denkt. Derzeit überwiegen Sorgen, Befürchtungen, Ängste. Die sind berechtigt. An die Ideale von 1989 zu erinnern ist dennoch mehr als Nostalgie. Denn wie anders als durch die Besinnung auf ihre Stärken, ihre Eigenart, ihre Tugenden – Courage, Neugier, Selbstermächtigung, jenseits von Selbstvergottung – könnten offene Gesellschaften überdauern, prosperieren, Beachtung finden, im Inneren wie nach außen hin?

DIE OFFENE, DIE GESCHLOSSENE UND DIE ABSTRAKTE GESELLSCHAFT

Gäbe es eine Rangliste der einflussreichsten Schlagworte der politischen Philosophie, die »offene Gesellschaft« beanspruchte einen Spitzenplatz. Von Karl R. Popper geprägt, bewegt und erregt es die Gemüter seit nunmehr einem dreiviertel Jahrhundert. Politiker, Journalisten, Publizisten führen es derweil Tag für Tag im Munde, Akteure und Initiativen der Zivilgesellschaft berufen sich auf diesen Slogan. In Parlamentsdebatten, bei Wahlkämpfen, auf Massendemonstrationen beschwören Redner die Vorzüge und Errungenschaften der »offenen Gesellschaft« und rufen zu ihrer Verteidigung auf. Nichts beweist den exzeptionellen Erfolg dieser Wortschöpfung eindringlicher als der Umstand, dass Autor und Werk bei alldem kaum je näher Erwähnung finden. Was zählt, ist die Mobilisierungskraft, die Kampagnentauglichkeit der Formel. Und die sind ungebrochen. »Offene Gesellschaft« versteht sich, wie es scheint, von selbst; pro wie contra, man meint zu wissen, was es damit auf sich hat.

Daran war nicht zu denken, als Popper die Arbeit an *Die offene Gesellschaft und ihre Feinde* Ende der 1930er-Jahre im neuseeländischen Exil in Angriff nahm. Wohl stand ihm das Thema seiner Schrift deutlich vor Augen. Anhand der Auseinandersetzung mit drei großen Meisterdenkern der europäischen Geistesgeschichte, mit Platon, Hegel und Marx, wollte er die letztlich »totalitären« Konsequenzen jeglichen Strebens nach einer idealen, harmonischen, konfliktfreien Gesellschaft offenlegen. In diesen auf die konsequente Eindämmung krasser sozialer Ungleichheit ausgerichteten Großentwürfen würden die Individuen auf die eine oder andere Weise ihrer Freiheit beraubt, zwangskollektiviert, zu Werkzeugen des »Sinns der Geschichte« degradiert. Armut, Rückständigkeit, Unterdrückung und Klassendünkel müssten, dieser Erfahrung eingedenk, vielmehr durch eine »Sozialtechnik der kleinen Schritte« überwunden werden, durch immer neue Anläufe, das Leben der Menschen zu verbessern; durch Reformen, die sich ihrer Fehlbarkeit stets bewusst blieben. »Die Weltgeschichte hat keinen Sinn«, resümiert Popper sein Credo im Schlusskapitel seines Buches, und dessen letzte Worte lauten so:

»Statt als Propheten zu posieren, müssen wir zu Schöpfern unseres Geschicks werden. Wir müssen lernen, unsere Aufgaben zu erfüllen, so gut wir nur können, und wir müssen auch lernen, unsere Fehler aufzuspüren und einzusehen. Und wenn wir (…) nicht mehr von der Frage besessen sind, ob uns die Geschichte rechtfertigen wird oder nicht, dann wird es uns vielleicht eines Tages gelingen, die Macht unter unsere Kontrolle zu bringen. In dieser Weise könnten wir vielleicht sogar die Weltgeschichte rechtfertigen; sie hat eine solche Rechtfertigung dringend nötig.«[4]

Dringlich erschien Popper auch die Drucklegung seines Werks. Als »Kriegsbeitrag« sollte es noch mitten *im* Krieg die Gestaltung der Weltverhältnisse *nach* dem Krieg beeinflussen. Zeitgleich mit der zunehmend hektischen Suche nach einem Verlag begann das Ringen um einen zugkräftigen Titel für das tausend Seiten umfassende Konvolut. Ein zähes Ringen, zahlreiche Varianten wurden erwogen und wieder verworfen, die Zeit drängte, dann war der Favorit gekürt: »Die offene Gesellschaft und ihre Gegner«, um dann doch einer letzten Revision zum Opfer zu fallen. Unter dem Obertitel *The Open Society and Its Enemies* kam die zweibändige Arbeit schließlich im November 1945 bei Routledge in London heraus. *Nach* Kriegsende publiziert, erfüllte sie die ihr zugedachte Bestimmung als Kriegsbeitrag gleichwohl mustergültig im Kalten Krieg der beiden großen Sozialsysteme des 20. Jahrhunderts. Mit dem Epochenbruch von 1989 brach der offenen Gesellschaft ihr angestammter Feind weg und eine Zeitlang auch ihre polemische Spitze ab. Unterdessen hat sie sich von diesem Sieg erholt, und ihre Protagonisten ziehen infolge der Formierung neuer Feinde, äußerer wie innerer, abermals in den Kampf, in den Kulturkampf.

Dass sich lange weder in den Vereinigten Staaten noch in England einer der kontaktierten Verleger dazu bereiterklärte, das Manuskript zu drucken, hatte vielfältige Gründe. Allgemeine Papierknappheit am Ende des Krieges war einer davon, zusätzlich plausibel, zieht man den Umfang des Werkes in Betracht. Manche Verlage begründeten ihre Bedenken mit ökonomischen Engpässen, fragten beim Autor an, ob dieser sich an den Kosten beteiligen könne, was nicht der Fall war. Lag es womöglich an der umfänglichen Marx-Kritik oder an den Ausfällen gegen Karl Mannheim, seinerzeit eine Größe im englischen Geistesleben, dass niemand anbiss? »Die Unbekanntheit des Ausdrucks ›offene Gesellschaft‹ ist ein entscheidender Nachteil …«, hatte sein Förderer Friedrich Hayek ihn postalisch wissen lassen. Am Ende also doch der falsche Titel? Im Rückblick ganz sicher nicht. Andere in die engere Wahl gezogene Varianten wie »Philosophie der Demokratie« etwa oder »Ein Plädoyer für eine demokratische Philosophie« oder »Kritische Analyse des antidemokratischen Denkens« wären freilich ohne Stirnrunzeln durchgegangen, hätten den Inhalt des Buches auch ohne Befremden auf den Punkt gebracht.

Denn was lag Popper wesentlich am Herzen? Die Verteidigung der Rechtsordnung, des Rechtsstaats als Fundament sozialer Ordnung. Der Schutz des Eigentums im Rahmen einer »freien Marktwirtschaft«. Der faire Wettstreit der Individuen um ihre gesellschaftliche Stellung. Gleichberechtigung aller Bürger und ungehinderte Entwicklung ihrer Persönlichkeit. Das allgemeine Recht auf Rede und Gegenrede, die Unverzichtbarkeit von Kritik als hauptsächliche Vorkehrung gegen die Versteinerung der Verhältnisse. Oder, wie er im Vorwort zur siebenten deutschen Auflage 1992 schrieb:

»Es ist ein Buch zur Verteidigung einer gemäßigt demokratischen (›bürgerlichen‹) Gesellschaft; einer Gesellschaft, in der normale Bürger in Frieden und in vertrauter Freundschaft leben können; in der die Freiheit einen hohen Wert hat; in der wir verantwortlich denken und handeln können; und in der wir die gar nicht leichte Last unserer Verantwortung gerne tragen: einer Gesellschaft, die dem heutigen Westen ähnlich ist.«[5]

Was drücken diese Grundsätze, zusammengenommen, anderes aus als eine (idealisierende) Selbstbeschreibung liberaler Demokratien? Welche darüber hinausgehenden Perspektiven, Einsichten vermittelt das Konzept »offene Gesellschaft«? Wo bleibt, von der Originalität des Ausdrucks abgesehen, sein theoretischer Mehrwert? Die Kurzbestimmung, »eine Gesellschaftsordnung (...), in der sich die Individuen persönlichen Entscheidungen gegenübersehen«,[6] verbürgt den Zugewinn an Erkenntnis jedenfalls nicht.

Dieser wird erst greifbar, wenn die »geschlossene Gesellschaft« als Gegenbegriff ins Spiel kommt, und auch das genügt noch nicht, um den Schatz zu heben. Erwartbar gibt sich die »geschlossene Gesellschaft« durch die genau gegenteiligen Eigenschaften der offenen zu erkennen: durch eine ständestaatliche Verfassung, die den Einzelnen einen unverrückbaren Platz in der Gesellschaft zuweist; durch die detaillierte Planung aller Lebensbereiche und -äußerungen, die insbesondere der wirtschaftlichen Initiative der Individuen Fesseln anlegt; durch den unbedingten Vorrang des Kollektivs, der jegliche Anflüge von Individualismus unterbindet; durch die Abwesenheit von Kritik, wodurch der freie, öffentliche Austausch zum Erliegen kommt. Die schroffe Polarisierung beider Typen befestigt zunächst den Eindruck eines statischen Denkgebäudes, das für Nuancen und Schattierungen keinen Raum lässt.

Aber genau darum ist es Popper zu tun. Ihn interessieren die Übergänge, Umbrüche, die *Prozesse*, die geschlossene Gesellschaften in offene transformieren bzw. zu gegenläufigen

Entwicklungen führen und in deren Folge Schließungs- und Abschottungstendenzen aufs Neue die Oberhand gewinnen. Seine auf den ersten Blick starre Begrifflichkeit liefert so die Handhabe für Maßbestimmungen, zur Ortung von Risiken und Gefahren gesellschaftlicher Öffnungsprozesse. Die Öffnung von Sozialräumen kann in der Wahrnehmung davon Betroffener zu unvorbereitet, zu schnell, zu weitgehend erfolgen, Gemeinschaftsbindungen kappen, Schutzmechanismen außer Kraft setzen. Sie kann eine problematische Ungleichverteilung von Vor- und Nachteilen der Verflüssigung sozialer Strukturen bewirken. Infolge der Auflösung bislang geschlossener Gesellschaften werden nicht nur die Karten neu gemischt, auch die Spielregeln für Erfolg und Misserfolg, für Status und Anerkennung ändern sich gravierend. Privilegierte Gruppen sehen sich dem Auftrieb von unten ausgesetzt oder gänzlich neuen Sozialformationen gegenüber, die ihnen den Platz in der gesellschaftlichen Ordnung streitig machen. Die derart unter Druck Gesetzten werden alles unternehmen, ihre Position zu behaupten, die Aufstiegskanäle zu verengen oder ganz zu schließen. Nach außen hin offene Gesellschaften können in ihrem Inneren gleichwohl sehr sortiert sein und Übergänge von einer sozialen Lage in die andere behindern. Solche inneren Blockaden entwerten in den Augen der weiter unten Platzierten die Garanten des Aufstiegs: Leistungswille, Disziplin, Verzicht. Andererseits können nach außen abgeriegelte Gemeinwesen nach innen erstaunlich durchlässig und gut passierbar sein, wie das Beispiel der »arbeiterlichen Gesellschaften« Osteuropas zeigt.[7]

Für diese und eine ganze Reihe weiterer Phänomene bietet die dynamisierte Antithetik Poppers aussichtsreiche Anknüpfungspunkte, die im weiteren Verlauf der Darstellung aufgegriffen werden sollen.

Die Blaupause zum besseren Verständnis unserer Problematik (Neoliberalisierung, Flexibilisierung, Individualisierung) liefert Popper, indem er den »Urknall« der Formierung offener Gesellschaften am Fall Athens zu Perikles' Zeiten Ende des 5. vorchristlichen Jahrhunderts nachzeichnet. Eine tiefgreifende Erschütterung fest verwurzelter Überzeugungen und Üblichkeiten des sozialen Lebens, verbunden mit um sich greifender Verunsicherung, mit inneren Spannungen und Kämpfen. Flottenbau, Seefahrt, florierender Handel, imperiale Bestrebungen, urbanes Leben, reger Austausch mit Fremden ebnen einer neuen, bürgerlichen, weltoffenen Klasse den Weg auch in die politische Arena, in der sie ihre Ansprüche herausfordernd artikuliert. Es kommt zum offenen Streit, das demokratische Lager fordert das oligarchische heraus. Es folgt der Auftritt der ersten Populisten, »Demagogen« gescholten, redegewandt, umtriebig; die Volksversammlung fungiert als großer Talentschuppen für die Anführer von morgen, bestens in der Kunst geschult, »die schlechte Sache zur besseren zu machen«, wie Gorgias, der stadtbekannte Sophist, es beschrieb. Waschechte Demokraten wie Protagoras oder Demokrit beschworen die Tugenden des freien Bürgers, begriffen die soziale Welt, ihre Institutionen als von Menschen geschaffen und daher veränderbar, dekretierten das Recht und die Pflicht der bis dato Gemeinen, am Wohl des Gemeinwesens mitzuwirken, öffentlich zu debattieren und dabei die Interessen der *res publica* über Blutsbande und Hörigkeitsverhältnisse zu stellen: »Die Armut in einer Demokratie ist um so viel besser als das sogenannte ›Glück‹ am Hof der Mächtigen, wie die Freiheit besser ist als die Sklaverei.«[8]

Ein einziger Affront gegen die von den Göttern geheiligte Ordnung und ihre Nutznießer in Attika, die großen Grundbesitzer auf dem Land. Die gingen zum Gegenangriff über, der Traditionalismus häutete sich in der Nachfolge von Anaximander und Heraklit zu einer Frühform konservativ-elitären Denkens, bei Kritias etwa, der den Individualismus als Hybris verdammte, die Oligarchie zur Herrschaft der

Besten umdeutete, zur Aristokratie, und eine streng hierarchische Ordnung zur einzig menschengemäßen stilisierte.

Seinen entschiedensten Widerpart fand das antidemokratische Lager in Sokrates. Und dies, obwohl oder gerade weil dieser sich seinen Ruhm nicht zuletzt als Kritiker der Selbstregierung der freien (männlichen) Bürger seiner Vaterstadt erworben hatte: ihrer Gefallsucht und Manipulierbarkeit, ihrer Unlust, den Dingen auf den Grund zu gehen und beim Reden und Streiten Vernunft walten zu lassen, ihrer Geringschätzung fachlicher Kompetenzen bei der Besetzung öffentlicher Funktionen. Das Amt eines Strategen oder Heerführers per Losentscheid zu besetzen, galt ihm als klarer Ausweis politischer Unreife.

Was seine Kritik grundsätzlich von der konservativ-elitären unterschied war ihre Stoßrichtung; sie war konstruktiv, solidarisch mit dem »Projekt« Demokratie und auf dessen *Gelingen* ausgerichtet. Destruktive und konstruktive Kritik auseinanderzuhalten sollte eigentlich nicht allzu schwer fallen. Jene unternimmt alles, um die offene Gesellschaft in Verruf, zu Fall zu bringen, diese prangert Fehlentwicklungen in der Absicht an, diese zu korrigieren, auf dass möglichst viele Menschen in den Genuss der Vorzüge dieser Gesellschaftsform gelangen und gute Gründe finden, für sie einzutreten. Aber wie Sokrates' Fall eindringlich zeigt: Der konstruktive Kritiker lebt zuweilen recht gefährlich. Man missdeutet seine Art der Kritik als Aufkündigung des Konsenses der »guten Demokraten« und wähnt sich auf der einzig richtigen Seite. Bedrohlich für den passionierten Störenfried, wenn er, wie Sokrates es wagte, mit den falschen Leuten, mit erklärten Gegnern der Demokratie, diskutiert, nur um nichts unversucht zu lassen. Aus diesem Sakrileg zimmerte man später sein Todesurteil, wobei man, um leichteres Spiel zu haben, geläufigere Gründe vorschob: Lästerung der Götter, Verführung der Jugend. Den Tod muss man heute nicht mehr fürchten, wohl aber einen heftigen Shitstorm, der einen in die Ecke der ausgemachten Gegner der offenen Gesellschaft stellt.

Mit der Einbettung des philosophischen Diskurses in den damaligen politischen Richtungsstreit gelangt Popper zu fruchtbaren Einsichten. Denkend will der Mensch die soziale Welt ergründen, aber er strebt auch zur Tat, und das lässt ihn Partei ergreifen. So wie Platon, der Sokrates, speziell in seinen späten Werken, für seine ganz und gar irdischen Interessen einspannt und zum Kronzeugen seiner Grundlegung einer Herrschaft der Wissenden bestimmt. Dem Geist, den Gebildeten gebührt die Macht in diesem Ständestaat, nicht länger Oligarchen oder Plutokraten, die nicht besser sind als das Volk. Jedem das Seine, jeder an seinem Platz, der seelischen Disposition gemäß, die ihn von Natur aus dorthin beordert – nur auf diese Weise ließe sich der endlose Streit, der Kampf der Lager und Parteien schlichten.

Einen »Aufstand gegen die Freiheit« nennt das Popper, belässt es aber nicht dabei. Platons »Lösung«, fährt er fort, entspricht »einem wirklichen Bedürfnis« vieler Menschen; einem Bedürfnis, das die offene Gesellschaft nicht hinreichend befriedigt. »Er drückt die Gefühle und Hoffnungen aller Menschen aus, die unter der Last der Zivilisation leiden, und er appelliert an diese Gefühle.«[9]

Die »Last der Zivilisation«, lässt sich das noch genauer benennen? Popper konkretisiert diesen Gedanken, indem er eine Unterscheidung trifft, die sich vom antiken Kontext löst und unsere Problematik in den Blick nimmt, die Unterscheidung zwischen der offenen und der »abstrakten Gesellschaft«. Abermals denkt er dabei in Prozessen: »Eine offene Gesellschaft kann sich allmählich in eine sogenannte ›abstrakte Gesellschaft‹ verwandeln, wie ich sie einmal nennen möchte (...). Der interessante Umstand ist nun, daß unsere moderne Gesellschaft einer solchen völlig abstrakten Gesellschaft in vieler Hinsicht ähnlich ist (...). In der modernen Gesellschaft leben viele Menschen, die keine oder nur sehr wenig enge persönliche Beziehungen haben, die in Anonymität und Isoliertheit leben und die deshalb unglücklich sind. Denn obgleich die Gesellschaft abstrakt geworden ist, hat sich doch die biologische Struktur des Menschen nicht sehr verändert; die Menschen haben soziale Bedürfnisse, die sie in einer abstrakten Gesellschaft nicht befriedigen können (...). Die meisten konkreten sozialen Gruppen einer modernen Gesellschaft sind armselige Ersatzmittel, denn sie schaffen nicht den Rahmen für ein gemeinsames Leben (...). Im Lichte des bisher Gesagten ist es klar, daß der Übergang von der geschlossenen Gesellschaft eine der größten Revolutionen genannt werden kann, die die Menschheit durchgemacht hat.«[10]

Die abstrakte Gesellschaft als Verfallsform, als Krisengestalt der offenen, das erschließt im Zusammenhang seiner Primärunterscheidung (geschlossen – offen) interessante Perspektiven, die hier erst einmal in Frageform erkundet werden sollen:

Wie lässt sich die Abdrift offener Gesellschaften in abstrakte mittels jener Vorkehrungen verhindern, die eine offene Gesellschaft überhaupt bereitzustellen vermag?

Die Wiederbelebung von Gemeinschaften, Vermittlungsinstanzen gegen die den Sozialzusammenhang zersetzende Marktgesellschaft, das war der Denkeinsatz der Kommunitaristen seit den 1980er-Jahren. Seither bewirkten die Kahlschläge des neoliberalen Regimes eine noch weitergehende Entbettung, Entwurzelung. Diese trifft die ärmeren Schichten am härtesten, überlastet, ermüdet sie, hält sie davon ab, Ehrenämter auszuüben oder sich anderweitig sozial zu engagieren. Noch immer werden die zivilgesellschaftlichen Netzwerke, die die Individuen vor Vereinzelung bewahren sollen, bevorzugt von jenen geknüpft, die ihrer existenziell am wenigsten bedürfen. Als eine Art Lückenbüßer säumiger Sozialstaaten befinden sie sich fest in der Hand der gehobenen Mittelschicht, und das weltweit.[11]

Was geschieht, wenn geschlossene Gemeinwesen *sprunghaft* zu abstrakten mutieren? Die staatssozialistischen Gesellschaften waren, wie noch zu zeigen sein wird, nicht in dem Sinn geschlossen, wie Poppers Konzept es nahelegt. Dennoch: Der Umbruch vollzog sich auf brachiale Weise und entblößte Millionen von Menschen ihrer vormaligen Solidarformen. Erklärt sich das im Osten verbreitete Unbehagen an der offenen Gesellschaft aus dem jähen Hineingerissenwerden in die abstrakte Spielart?

Poppers »abstrakte Gesellschaft« ist kein ausgearbeitetes Konzept, eher der Platzhalter für eine Beunruhigung, die aufzulösen er keine praktische Handhabe sieht. Soziale Schutzrechte, (posttraditionale) Gemeinschaften mögen Risiken abfedern, sind für ihn aber nicht die Schlüssel, um mit den Zumutungen offener Gesellschaften zurechtzukommen. Das vermag allein der Heroismus der Freiheit:

»Diese Last, dieses Unbehagen, diese inneren Spannungen sind eine Folge des Zusammenbruchs der geschlossenen Gesellschaft. Sie werden auch heute noch gefühlt (...). Es ist eine Last, die durch den Versuch entstand, in einer offenen und teilweise abstrakten Gesellschaft zu leben und die dauernd von uns verlangt, vernünftig zu handeln. Es wird von uns erwartet, zumindest einige ihrer emotionalen und natürlichen sozialen Bedürfnisse unbefriedigt zu lassen und für sich und für andere verantwortlich zu sein. Wir müssen, glaube ich, diese inneren Spannungen, diese Last auf uns nehmen, als einen Preis, den wir zahlen müssen für jede neue Erkenntnis, für jeden weiteren Schritt zur Vernunft, zur Zusammenarbeit, zur gegenseitigen Hilfe: für die Verlängerung des durchschnittlichen Lebensalters; und für den Bevölkerungszuwachs. Es ist der Preis der Humanität.«[12]

Wir? Alle? Auf gleiche Weise?

Damit genug von Popper, für den Anfang. Die Kritik der offenen Gesellschaft wird im Folgenden in drei Richtungen entwickelt. Diese Kritik ergründet zum einen die Motive der um sich greifenden Infragestellung, Ablehnung, Verhöhnung offener Gesellschaften durch ganz normale Bürger. Mit gewaltbereiten Rechten demonstrieren, Achselzucken, klammheimliche oder unverhüllte Freude aus der Mitte der Gesellschaft, wenn rechtspopulistische Parteien Erfolge feiern – was ist da schief gelaufen? Was hat diese Menschen so verhärtet? Offenkundig brach die offene Gesellschaft in ihren Augen einige der großen Versprechen, denen sie ihre Anziehungskraft verdankte, und ließ sie mit ihren Zweifeln und ihren Sorgen im Stich.

Das Faktum dieser Entfremdung ist der Ausgangspunkt *immanenter* Kritik, die Verheißung und Wirklichkeit systematisch miteinander konfrontiert. Dadurch gerät die »Wahrheitsfähigkeit« der offenen Gesellschaft auf den Prüfstand: Wer gehört dazu, wer engagiert sich, wer spricht in welcher Absicht, was steht im Fokus der Debatten, was wird beschwiegen?

Geschlossen, offen, abstrakt, drei gesellschaftliche Aggregatzustände mit bald mählichen, bald abrupten Übergängen dieser Formen ineinander. Beim Versuch, *unsere soziale Welt* in diesen Begriffen zu denken, stößt die immanente Kritik an ihre Grenzen. Der Gedankengang löst sich von diesem Modell und wendet sich seinem finalen Thema zu: Wohin vom Neoliberalismus aus?

DIE OFFENE GESELLSCHAFT: EIGENTUM UND MARKT UND FREIHEIT – UND EIN MAISFELD

Rechtsstaat, Privateigentum, freie Marktwirtschaft, allgemeiner Wettstreit um Rang und Anerkennung, öffentliche Kritik: Poppers »offene Gesellschaft« stellt gleichberechtigt nebeneinander, was gewichtet gehört, um die Erschütterungen zu verstehen, die mit epochalen sozialen Öffnungsschüben einhergehen. Um es vorwegzunehmen: Die Freisetzung, Entfesselung *wirtschaftlicher* Aktivitäten bildet das Epizentrum dieser Schübe. Die offene Gesellschaft ist eine Gesellschaft, in der die hauptsächliche Gestaltungsmacht, wie auch immer vermittelt, in den Händen der *Eigentümer* liegt, in der es folglich ökonomisch Herrschende und ökonomisch Beherrschte gibt. Die offene Gesellschaft ist eine *bürgerliche* Gesellschaft, alles andere ist Faselei, und der Streit auf ihrem Boden kreist um dieses »Bürgersein«, um seine Dehnbarkeit, sein Fassungsvermögen. Wer gehört dazu, mit welchen Rechten?

Die Verlaufsformen des Umbruchs zur offenen Gesellschaft sind höchst vielfältig. Eine bürgerliche Klasse aus Handels- und Gewerbetreibenden, Vertretern freier Berufe, mag sich noch im Schoß der alten, oligarchischen, von Adel und Klerus dominierten Ordnung formieren. Dann wird sie danach streben, Hindernisse für die ungestörte Abwicklung ihrer Geschäfte aus dem Weg zu räumen, und darauf drängen, dass auch die politische Macht in ihre Hände fällt.

Die aufstrebende Klasse kann ferner mit der alteingesessenen verschmelzen und diese Allianz in Gestalt eines gemäßigten Parlamentarismus unter Ausschluss der Volksklassen ratifizieren. Oder, die amerikanische Variante, die Bürger bleiben unter sich und emanzipieren sich, nach siegreichem Feld- und Raubzug gegen die Ureinwohner, von ihrem politischen Vormund und setzen die bürgerliche Welt in Freiheit. Das ökonomische Subjekt der offenen Gesellschaft existiert bereits, in diesem oder jenem Reifestadium, und erobert die ganze Macht auf revolutionäre Weise, durch einen historischen Kompromiss oder durch die erzwungene Abdankung der alten Eliten infolge verlorener Kriege.

Anders im Fall der Umbrüche in Ost- und Mitteleuropa im Gefolge des 89er-Herbstes in der DDR. Hier konstituierte sich das »Volk« als politisches Subjekt, um, kaum war die Machtfrage zu seinen Gunsten entschieden, vor der Frage aller Fragen zu stehen: der Gestaltung des ökonomischen Lebensprozesses. Die Antwort der Mehrheiten fiel eindeutig aus, um es mit Popper zu sagen, zugunsten einer »Gesellschaft, die dem heutigen Westen ähnlich ist«. Damit waren weniger Großbritannien und die Vereinigten Staaten gemeint, die beiden Referenzgesellschaften von Poppers Entwurf, sondern vornehmlich der Westen Kontinentaleuropas, sein »Kassenschlager«, die *soziale* Marktwirtschaft.

Es ist nicht rundum falsch zu sagen, dass diese Entscheidung die Revolutionen vollendete. Die radikaldemokratische Phase des kollektiven Aufbruchs, in der für einen Moment alles möglich schien, ging über in ein zweites Stadium, in dem sie sich nach westlichem Muster institutionalisierte. Was sich derart vollendete, durchkreuzte die ursprünglichen Erwartungen jedoch ganz erheblich. Die offene Gesellschaft des revolutionären Auftakts 1989 definierte sich primär durch politische Freiheitsrechte und Partizipationsansprüche, wogegen jene der »Vollendung« den Akzent auf Eigentum und Marktfreiheiten setzte. Das bedeutete nun keinen »Verrat« am Aufbruch, aber es war auch nicht ganz dasselbe. Dies umso weniger, als der ökonomische Kern der offenen Gesellschaft zu dieser Zeit bereits metastasierte und soziale Garantien und Freiheiten, die der Mobilisierung für den Markt zuwiderliefen, in Bedrängnis brachte. Statt, wie anvisiert, zu bürgerlichen Gesellschaften mit »Kapitalismus inklusive« entwickelte sich der Osten Europas binnen weniger Jahre in Richtung kapitalistischer Gesellschaften mit bröckelnden sozialen Freiheitsrechten. Die politischen Folgen dieser Drift der offenen Gesellschaft hin zur abstrakten, zur genuinen Marktgesellschaft, können hier wie unter einem Brennglas beobachtet werden.

Der Nachbau des westlichen Gesellschaftsmodells, auf den die weitere Entwicklung zulief, verstärkte die allgemeine Ernüchterung, die infolge der Härte und Plötzlichkeit des Umbruchs um sich gegriffen hatte. An die Stelle kommunistischer Rechtgläubigkeit trat die Mär vom alternativlosen Triumphzug der liberalen Demokratie in alle Ewigkeit. Die Geschichte bekam wieder einen Sinn, einen vorherbestimmten, wie ehedem. Die konzeptionelle Schließung offener Gesellschaften bestärkte die Menschen in dem ohnehin vorherrschenden Gefühl, auf ausgetretenen Pfaden zu wandeln. Hinfort ging es einzig darum, den Ballast der Vergangenheit abzuwerfen und Bewährtes folgsam in sich aufzusaugen. So zu denken und zu handeln mochte pragmatisch geboten sein; begeisternd war es nicht, eine Ohrfeige vielmehr für das kollektive Selbstwertgefühl.[13]

Die Menschen in Ost- und Mitteleuropa lebten jahrzehntelang unter massivem politischen Druck. Um ihm standzuhalten, waren starke Gemeinschaftsbindungen unerlässlich. Dass Polen Polen, Ungarn Ungarn waren und sich auch so verstanden, als Nation, als Volk, schweißte zusätzlich zusammen. So traten sie in den Systemwandel ein, der in den ersten Jahren einer einzigen Umerziehung glich. Von alltäglichen Solidarstrukturen bis zu heimatlichem Zugehörigkeitsgefühl: Was gegen die Diktatur gerichtet war, galt nun als deren Ausdruck, als alter Plunder, der sie daran hinderte, endlich erwachsen und eigenverantwortliche Individuen zu werden: weg vom wärmenden Stammesfeuer, die Nase in den frischen Wind des Wettbewerbs gereckt. Die selbsternannten Führer und »echten« Volksvertreter von heute mussten nur zuwarten, bis das

Junktim aus marktradikalem Umbau von Wirtschaft und Gesellschaft und Entsorgung der Vergangenheit dem Ruf nach einer restaurativen Wende hinreichend Resonanz verschaffte. Feierte der westliche Liberalismus 1989 also einen Pyrrhussieg, indem er seiner nicht zuletzt auch kulturellen Vorherrschaft zuliebe am Ende seinen Pluralismus aufs Spiel setzte? Indem er populistischen Eliten den Weg bereitete, die sich die Verbitterung der Massen darüber zunutze machten, dass der Kopiervorgang fremdbestimmt und ohne Rücksicht auf nationale Eigenarten oder bewahrenswerte Hinterlassenschaften ablief?[14] Die Politologen Ivan Krastev und Stephen Holmes bejahen das:

»Das antiwestliche Ethos, das heute in den postkommunistischen Gesellschaften herrscht, kann man (…) viel besser mit diesem Mangel an Alternativen erklären als etwa mit der Anziehungskraft einer autoritären Vergangenheit oder einer historisch verwurzelten Abneigung gegen den Liberalismus (…). Die Weigerung, vor dem liberalen Westen die Knie zu beugen, ist zum Markenzeichen der illiberalen Konterrevolution überall in der kommunistischen Welt und darüber hinaus geworden.«[15]

Eine Eins-zu-eins-Kopie des westlichen Modells, jedoch unter tatkräftiger Mitwirkung einheimischen Personals auf allen Ebenen und mit etwas Lokalkolorit, das wäre womöglich längerfristig gut gegangen. Aber so war »Transformation« eben nicht gemeint. Konstitutive Elemente des westlichen Modells wurden *nicht* kopiert, und das war weder ein Flüchtigkeitsfehler, noch den Wirren des Übergangs geschuldet, noch hinreichend dadurch begründet, »dass keine kommunistische Bedrohung mehr existierte, weshalb besondere Anstrengungen, um die Systemloyalität der Arbeiter aufrechtzuerhalten, unnötig erschienen«.[16] Die Kopie sollte das Original übertreffen, statt der verwässerten die reine Lehre unter die Leute bringen, erst im Osten und nach erfolgreicher Lektion dann auch im Westen: höherer Anpassungsdruck, geringerer Organisationsgrad, außertarifliche Lohnfindung, offene Erpressung nach dem Motto »Wir können auch anders«, anderswo. Die westliche DNA *mutierte* im Prozess der Übertragung, Nachbau zwecks Rückbau, *so* war das gemeint. Man mutete den Ost- und Mitteleuropäern gleich zwei höchst undankbare Rollen zu, Lehrling und zugleich Lehrmeister wider Willen zu sein. Das hieß den Bogen überspannen, *deshalb* ging die Sache schief, verlor »selbst das Ideal einer ›offenen Gesellschaft‹ (…) seinen einst bejubelten Glanz«.[17]

Die offene Gesellschaft als Dogma. Poppers antithetische Begriffsarchitektur stand diesem Dogmatismus Pate. Abstufungen, Grautöne waren darin nicht vorgesehen. Und so bediente man sich seines Werks als Leitfaden, um gleich in den ersten Umbruchsjahren großflächig aufzuräumen, abzuräumen, was der Neuordnung der Verhältnisse noch irgend im Weg stand. Open-Society-Instituten, die überall in Ost-Mitteleuropa aus dem Boden sprossen, kam dabei eine Schlüsselstellung zu. Popper war der Mann der Stunde, seine »Kriegsschrift« wurde zur Bibel der Umbauexperten.

Auch die Geschichte wurde in seinem Sinn gedeutet. Die Russische Revolution von 1917: ein blutiger Betriebsunfall der Weltgeschichte. Als Revolution *gegen* Privateigentum, Konkurrenz und Marktvergesellschaftung kam sie dem Bösen unter der Sonne gefährlich nahe. Für linientreue Popperianer zeichnete sich der »Sowjetkommunismus« durch nichts anderes aus als durch die Vernichtung sämtlicher Freiheiten, durch geistige Repression und physischen Terror. Durch seine bloße Existenz lud dieser Antipode per se der »freien Welt« über Jahrzehnte hinweg unfreiwillig zu deren Idealisierung ein. Recht und Freiheit sowie allgemeinen Wohlstand konnten allein die westlichen Demokratien für sich in Anspruch nehmen. Gleich hinter Braunschweig begann die »asiatische Despotie«. Das Feindbild, das auch ein Zerrbild war, möbelte das Selbstbild kräftig auf.

Ein Zerrbild deshalb, weil die Russische Revolution bezüglich ihres Verlaufs und ihrer Folgen den Katalog der »offenen Gesellschaft« in manchem durchaus bediente. Sie räumte radikal mit den alten Oberschichten auf, bewirkte einen durchgreifenden Elitenwechsel auf allen Ebenen und in allen sozialen Feldern. Der dazu komplementäre Auftrieb von unten versetzte Millionen von Menschen in rastlose Bewegung, und zwar nach oben. Dass Köchinnen, wie von Lenin proklamiert, die Staatsgeschäfte leiteten, so weit kam es nicht. Aber viele kamen weit, weiter, viel weiter, als ihnen das in die buchstäbliche Wiege gelegt war. Ein massenhafter Prozess der Individualisierung, der Ablösung von Geburt, Herkunft, fest gefügten Hierarchien grub die Verhältnisse gründlich um. Die Besitzenden wurden vergrault, vertrieben, zeitweise terrorisiert, desgleichen Teile der Gebildeten, was zusammen mit der sozialen Gleichartigkeit der Individuen auch die Durchlässigkeit der fortbestehenden sozialen Kreise erhöhte. Der revolutionäre Auftakt trug erkennbar Züge eines Umbruchs zur offenen Gesellschaft. Und mobilisierte, wie stets in solchen Fällen, den Widerstand der Profiteure überkommener Privilegien, der ihrer Macht Beraubten und außer Funktion Gesetzten. Sie verbündeten sich mit ihren Artgenossen und zettelten Kriege gegen die »Pöbelherrschaft« an. Die stand vom ersten Tag an mit dem Rücken zur Wand, sah sich Feinden gegenüber, die an Ressourcen und Erfahrung den eigenen Kräften haushoch überlegen waren und alles unternahmen, um die historische Alternative Matt zu setzen.

Die baldige Abzweigung des revolutionären Aufbruchs vom Pfad offener Gesellschaften, die neuerliche Verhärtung, Erstarrung der Verhältnisse, findet in diesem Dauerangriff einen Teil ihrer Erklärung. Der andere, letztlich gewichtigere, weil systembedingte, erklärt sich aus der Art und Weise, wie die Revolution ihr wichtigstes Ziel zu erreichen gedachte: durch den Umsturz der Eigentumsordnung. Um ihn erfolgreich zuwege zu bringen, lieferte Verstaatlichung allein keine hinreichende Handhabe. Privateigentümliche Verhaltensweisen, seit Jahrtausenden eingelebt, eingeschliffen, mussten durch gemeineigentümliche ersetzt werden, und zwar dergestalt, dass der ganze Sinn des Wortes »Ökonomie« – Ersparung von Zeit und Kräften – mindestens so überzeugend verwirklicht wurde wie in den bürgerlich-kapitalistischen Nationen.

Das gelang zu keinem Zeitpunkt. Die betriebs- wie volkswirtschaftlich neuralgische Bruchstelle der Abkehr von Privateigentum und Markt wurde nie auf eine die Mehrheiten befriedigende Weise versorgt. Das war und blieb der wunde Punkt des Neubeginns. Der geschichtlich höhere Typ des Eigentümers wollte einfach nicht auf den Plan treten, den man für ihn entworfen hatte. Wettbewerbliche Einstellungen und Verkehrsformen wurden nicht »aufgehoben« und auf der Grundlage des Volkseigentums rekonstruiert, sondern beiseitegeschoben, mehr noch, schlicht vergessen, je mehr Zeit verstrich, desto rückstandsloser.

In einem der frühen Stücke Heiner Müllers, *Traktor*, der Kollektivierung der 1950er-Jahre auf dem Land gewidmet, erinnert sich der Protagonist dieses Vorgangs an eine Vollmondnacht in Russland während des Zweiten Weltkriegs. Zusammen mit zwei anderen stöbern sie in einem Maisfeld, »groß wie Sachsen«, einen »Bolschewiken« auf, der sich als Bauer entpuppt, und stellen ihn nach kurzer Verfolgung. In Schnapslaune erlaubt ihm der Offizier des Trios, sein letztes Loch auf seinem eigenen Feld zu schaufeln:

»Wir fragten, wo sein Feld ist. Sagt der Alte:
Hier alles mein Feld. Wir: wo sein Feld war
Eh alles kollektiv war. Der zeigt bloß
Wie ein Großgrundbesitzer ins Gelände
Wo kilometerbreit brusthoch der Mais stand.
Der hatte wo sein Feld war glatt vergessen.«

Wenige Zeilen zuvor schreibt Müller diesem Vergessen ein neues Bewusstsein zu:

»Das hab ich nicht vergessen: wie der Alte
Bei seinem letzten Rennen noch drauf sah
Daß er den Mais nicht umtrat. Wir sahn nicht drauf.
Wir jagten ihn und eine kurze Jagd wars
Er immer um den Mais herum, wir drüber.«[18]

So war es leider gerade nicht, zumindest nicht im für das Gelingen dieser Art von Gesellschaft erforderlichen Ausmaß. Ihr ungelöstes Grundproblem bestand, um es etwas salopp zu sagen, bis zuletzt darin, *dass* der Mais umgetreten wurde.

Das Volkseigentum war weithin unbemannt, unbesorgt und blieb es. Da, was hätte geschehen müssen, aus freien Stücken kaum geschah – sich um das Gemeineigentum so zu sorgen, *als ob* es jedem Einzelnen gehörte –, musste der Heroismus in die Bresche springen. Daran, an Opfern, Opfergängen für die neue soziale Welt, fehlte es beileibe nicht, nur taugte diese außeralltägliche Hingabe ans große Ganze nicht für jedermann und nicht auf Dauer. Das Eigentum aller erwies sich in der Praxis nur allzu oft als niemandes Eigentum. Es bedurfte schon eines gehörigen Maßes an Idealismus, um den verbreiteten Schlendrian zu überwinden und im Modus des Als-ob zu produzieren. Auch wenn sich Etliche darauf verstanden und ihr Bestes gaben, waren es nie genug, um die motivationale Fraktur zu kitten, die ökonomische Lücke zum Westen zu verkleinern oder gar zu schließen. Diese stach unmittelbar als Wohlstandslücke ins Auge und nährte das Gefühl der Vergeblichkeit: Endlos marschiert, nie wirklich angekommen; die anderen können es besser, haben es besser.

Die Antwort der Regierenden? Letztlich ohnmächtig, dem Übel abzuhelfen, pendelten sie zwischen der halbherzigen Ermunterung individueller wie betrieblicher Eigeninitiative und deren Rücknahme hin und her. Sie statteten die verarmten

Bauern mit eigenem Besitz aus, um sie wenige Jahre später wieder zu enteignen, hofierten eine Zeitlang den »sozialistischen Manager« und degradierten diese Figur alsbald zu dem, was sie zuvor gewesen war, zum gehorsamen Befehlsempfänger. Durch ihren Wankelmut entmutigte und verprellte die Machtspitze eine soziale Gruppe nach der anderen und brachte sie gemeinsam gegen sich auf.

Wenn einen die Tat anklagt, muss einen der Erfolg rechtfertigen, lautet eine alte Weisheit der politischen Wissenschaft. Da durchschlagende Erfolge ausblieben, verstärkte sich die Anklage, was die Machthaber, in der Sache ratlos, weiter verunsicherte, ihre Kontrollwut zusätzlich anstachelte, mit dem nämlichen Resultat: fortschreitende Lähmung, weniger Erfolge, mehr Unmut, mehr Groll; ein Teufelskreis. Immer offener wandte sich die Herrschaft nun gegen die eigene Bevölkerung, die, kaserniert, der Möglichkeit beraubt wurde, über diese Herrschaft zu befinden; dieselbe Herrschaft, die zugleich als Anwalt der »wohlverstandenen« Interessen des Volks, seiner sozialen Grundbedürfnisse, agierte: gesicherte Arbeit, Bildung, Wohnen, Krankheitsvorsorge. Die zweifellos vorzeigbaren Erfolge auf diesem Gebiet konnten den Ansehensverlust der Oberen nicht mehr bremsen. »Freiheit« schlägt »Sicherheit«, d. h. soziale Garantien. Die Menschen drängten ins Offene. Nichts frustrierte sie mehr als die Abriegelung der staatssozialistischen Gesellschaften zum Westen hin. Der Ruf nach offenen Grenzen, nach Reisefreiheit läutete das Finale ein, »Exit and Voice«, Abwanderung und Widerspruch im Inneren, zeitgleich anschwellend, entschieden das Endspiel zugunsten der Regierten,[19] die für eine Sternstunde der (deutschen) Geschichte keine mehr waren.

Besaßen die Menschen im Osten, als sie für den Westen optierten, eine realitätsnahe Vorstellung von dem, was dann geschah, eine Ahnung von der *Abwicklung* ihres bisherigen Lebens? Verführte sie die Idealisierung der Ankunftsgesellschaft nicht vielfach dazu, Bedenken in den Wind zu schlagen und die Kosten des politischen Regiewechsels nach ihrem kollektiven Aufbegehren dramatisch zu unterschätzen? »Umgehende Privatisierung der Staatsbetriebe!«, das stand auf den Transparenten jedenfalls nicht zu lesen, die die Ostler mitführten, als sie ihre Entscheidung für »Deutschland, einig Vaterland!« getroffen hatten und lauthals skandierten. Das eine ja, das andere nein? Wer A sagt, muss auch B sagen, wenn kein dritter Weg, kein C, diesen Schluss verhindert. Der dritte Weg war abgewählt, B die unausweichliche Folge, nur mochte man sich weder eingestehen noch ausmalen, was das konkret bedeutete. Man sprach sich Mut zu, hoffte auf einen guten Ausgang im Persönlichen, verdrängte weniger erfreuliche »Szenarien« und ließ die Architekten des Umbaus gewähren.

Sieht man heute klarer, was man damals nicht sah, nicht sehen wollte? Hält man jetzt Gerichtstag auch über die eigenen Illusionen und Versäumnisse? Oder rechnet man zeitversetzt mit denen ab, die ihnen mit dem Versprechen »blühender Landschaften« die Köpfe vernebelten?

Bleibt in der Rückschau die vertrackte, paradox anmutende Frage, ob das »Volk« je auf andere als auf »volksdemokratische« Weise zur Herrschaft gelangen und diese ausüben kann – als ein von der politischen Machtausübung ausgeschlossener *sozialer Souverän,* beherrscht und herrschend zugleich. Ein Thema für unbefangene Geister mit Lust zum Selberdenken.

DIE OFFENE GESELLSCHAFT ALS RISIKOGESELLSCHAFT PAR EXCELLENCE

Grenzregime, Praktiken der Abschottung, das Ein- bzw. Ausmauern von Menschen, all das, was die Gemüter heute umtreibt, steht nicht im Zentrum von Poppers Systematik. Er denkt offene Gesellschaften als *national* verfasste Gemeinwesen, diesseits ihrer Verstrickung in transnationale, globale Prozesse, und interessiert sich vornehmlich für deren *innere* Verfassung. Öffentliche Kritik, Parteien und Parteienstreit, möglichst rational ausgetragen, Konsensbildung, neu aufflammender Streit, keine Meinung, kein Machtanspruch, die unerwidert blieben – für Popper das Mark offener Gesellschaften, ihr Alleinstellungsmerkmal. Sofern diese Bestimmungen in der Praxis annähernd erfüllt sind, verändert sich der Charakter sozialer Herrschaft tatsächlich auf bahnbrechende Weise. Die herrschenden Gruppen geraten in Abhängigkeit von den beherrschten, setzen sich deren Widerspruch, deren Votum aus. Sie müssen, um herrschend zu bleiben, den Bedürfnissen und Interessen ganz normaler Bürger entgegenkommen, um deren Zustimmung werben.

Eine »gute Regierung«, gut deshalb, weil sie sich dieser Problematik stellt, wird ihren Ehrgeiz in eine Politik des Ausgleichs setzen, Sorge dafür tragen, dass die Interessen der Eigentümer auf mehrheitsfähige Weise zum Zuge kommen. In diesem Fall betont der Staat seine Akkumulations- und seine Legitimationsfunktion mit gleichem Nachdruck. Das grundlegende Risiko dieser Herrschaftsweise ist damit nicht aus der Welt. Die Menschen haben soziale Bedürfnisse, die offene Gesellschaften stets nur unzureichend befriedigen und sträflich vernachlässigen, sobald sie zu abstrakten mutieren. Die daraus erwachsenden Kränkungen sind systembedingt; wirtschaftliches Wohlergehen, gesicherter sozialer Status trösten die Normalbürger darüber halbwegs hinweg. Der Unmut lebt auf, wenn ökonomische Krisen oder »schlechte Regierungen«, die einseitig Partei für die Eigentümer ergreifen, den Geschmack der Freiheit bitter werden lassen.

Was dann? Ausschluss der Masse der Regierten aus dem Bürgersein? Beschränkung desselben auf Vermögende, *Revival* des Zensuswahlrechts, oder auf Gebildete, Neuauflage von Platons Epistokratie, wie kürzlich allen Ernstes vorgeschlagen?[20]

Niemand hat die Problematik eines weitgefassten *All-inclusive*-Bürgerstatus für den Bestand der bürgerlichen Eigentümer-Ordnung deutlicher benannt als Niccolò Machiavelli. Er geht vom Ernstfall als Normalfall aus:

»Alle Schriftsteller über die bürgerliche Gesellschaft stimmen darin überein, und die Geschichte belegt es durch eine Menge Beispiele, daß, wer einer Republik Verfassung und Gesetze gibt, alle Menschen als böse voraussetzen muß, und daß sie so oft die Verkehrtheit ihres Gemüts zeigen werden, als ihnen Gelegenheit dazu wird.«[21]

So ernst wie die Lage, so zupackend ist die Abhilfe:

»Indes ist Grundregel, daß man die Menschen entweder durch Freundlichkeit gewinne oder aus der Welt schaffe; denn wegen geringfügiger Kränkungen können sie sich rächen, wegen schwerer aber sind sie dazu außerstande. Beleidigt man sie aber, dann muss man es ihnen auch unmöglich machen, sich rächen zu können.«[22]

Menschen, die »böse« sind, nicht von Natur, sondern weil man sie gekränkt, beleidigt hat, und zwar »schwer«, können sich dafür rächen: Darin besteht das säkulare Wagnis offener Gesellschaften. Es zeigte sich gleich bei der historischen Premiere in Athen. Die Oligarchen stemmten sich gegen den Machtverlust, schürten öffentlich Hass auf die demokratische Partei, schmiedeten ein Bündnis mit dem Erzfeind Sparta und errichteten eine Terrorherrschaft, die »Tyrannis der Dreißig«; zwei Onkel Platons waren mit von der Partie. Dem Schrecken, der nur wenige Monate währte, fielen mehr als eintausend politische Gegner zum Opfer. Die Verschwörer nutzten just jene Freiheiten, ihre Interessen zu verfolgen, auf deren Abschaffung sie es abgesehen hatten.

Nun kann man mit Risiken rechnen, wortwörtlich, höchst einträglich, sonst gäbe es keine Versicherungen gegen die Unbilden des Lebens. Auch mit Rachegelüsten, ihrer Verbreitung, ihrer Heftigkeit. Je höher die Zahl der Gekränkten, je tiefer die Kränkung, desto größer die Wahrscheinlichkeit des kollektiven Aufbegehrens; besonders bedrohlich, wenn es von unten grollt, da leben die meisten. »Lebten«, wird man einwerfen und auf die Frühzeit des Kapitalismus verweisen, auf die Ära des schrankenlosen Kapitalismus. In seinem Klassiker *The Great Transformation* datiert Karl Polanyi deren Beginn auf 1834 mit England als Schauplatz:

»Die Reform des Armenrechts im Jahre 1834 beseitigte jegliches Hindernis für den Arbeitsmarkt: Das ›Recht auf Lebensunterhalt‹ wurde abgeschafft. Die wohldurchdachte Grausamkeit dieses Gesetzes erschütterte die öffentliche Meinung in den dreißiger und vierziger Jahren des 19. Jahrhunderts so sehr, daß der Proteststurm der Zeitgenossen das Bild in den Augen der Nachwelt trübte. Viele der Ärmsten wurden mit der Abschaffung der öffentlichen Unterstützung tatsächlich sich selbst überlassen, und unter jenen, die am bittersten zu leiden hatten, waren die ›ehrbaren Armen‹, die zu stolz waren, ins Arbeitshaus zu gehen, das als Ort der Schande empfunden wurde. In der modernen Gesellschaft hat es wohl kaum einen grausameren Akt der Gesellschaftsreform gegeben. Er vernichtete zahllose Existenzen, obwohl er vorgab, nur ein Kriterium zum Erkennen echter Mittellosigkeit in Form des Arbeitshauses zu liefern. Die psychologische Folter wurde von milden Philanthropen nüchtern befürwortet und reibungslos in die Praxis umgesetzt, um damit die Räder des Arbeitskraftmechanismus zu ölen.«[23]

Das Arbeitshaus, Zwangsarbeit für Brosamen als letzter Rettungsanker vor dem Verhungern: Wenn gesellschaftliche

Zustände je dem Idealtypus abstrakter Gesellschaften entsprachen, dann in diesen Jahren. Lauter vereinzelte Einzelne, die nichts weiter in die Waagschale zu werfen haben als ihr Arbeitsvermögen, bei Strafe ihres Untergangs dazu verurteilt, jede, aber auch jede Arbeit zu verrichten – hier löscht der Markt den Menschen hinter dem Arbeiter aus, und von Bürgersein ist nichts zu spüren. Vom geschützten Elend der vorherigen, vormundschaftlichen Unterwerfung im Galopp zum Tod durch Ausgesetztsein, schlimmer konnte es nicht kommen. Das Koalitionsverbot tasteten die Reformer nicht an, da hielten sie es ganz mit dem großen Florentiner. Wer Millionen von Menschen dermaßen kränkt, gnadenlos proletarisiert, wird zu verhindern wissen, dass sie sich widersetzen, d. h. versammeln, organisieren, politisch artikulieren.

Verglichen mit diesem Schicksal gestaltete sich das der alten Eliten, speziell der Aristokratie, ausgesprochen komfortabel. Vom Thron gestoßen, zuweilen, wie in Frankreich, unsanft, fügte sie sich schließlich in ihr Schicksal, verbürgerlichte und formte im Verein mit dem Bürgertum eine Internationale des privaten Lebens, die von St. Petersburg bis nach London reichte.

Nur zu bald erwies sich, dass abstrakte Gesellschaften, heutzutage zumeist »kommerzielle Gesellschaften« oder »Marktgesellschaften« genannt, nicht lange stabil überdauern, und das aus einem einfachen Grund: Sie zapfen die dem Markt unverfügbare Quelle allen Arbeitens, aller Fron und Entbehrung an, das Leben selbst mit seinen Grenzbestimmungen. Von inneren Schranken, rechtlichen Korrektiven befreit, schöpfen sie diese Quelle rigoros ab, trocknen sie endlich aus und riskieren dadurch ihre eigene Existenz. Auch das spricht für die Bestimmung offener Gesellschaften als Risikogesellschaften par excellence.

Um ihr Bestandsrisiko in Schranken zu halten, müssen offene Gesellschaften den Irrweg abstrakter Gesellschaften meiden und der unumstößlichen Tatsache Rechnung tragen, dass das Arbeitsvermögen keine Ware wie alle anderen Waren ist. Sie müssen den Unmut, den Zorn der Volksklassen durch deren Aufnahme, deren Einbeziehung in die bürgerliche Ordnung von Eigentum und (auskömmlicher) Arbeit beschwichtigen, indem sie sich *nach unten* öffnen. Dadurch allein beugen sie ihrer Selbstzerstörung vor.

Kaum schien der marktradikale Umbruch zur offenen Gesellschaft der Besitzenden bewerkstelligt, geriet dieser Entwicklungspfad folgerichtig in die Krise, und es kam eine neue Perspektive in den Blick, in deren Verlauf nach und nach aus Proletariern Arbeitnehmer wurden – nach und nach.

DIE MACHT DER VERHÄLTNISSE UND DIE ÖFFNUNG NACH UNTEN

Der Kapitalismus des *Laissez-faire* kannte nur in Konkurrenz verstrickte *Individuen* – als *Industrialismus* rückte er die *Gesellschaft* als eine Macht *über* den Einzelnen in den Brennpunkt der sozialen Erfahrung. In der auf maschineller Großproduktion beruhenden Massengesellschaft stürzten Menschen nicht nur ausnahmsweise, sondern regelmäßig, zudem unverschuldet, ohne jegliches persönliches Zutun, ins Verderben. Heute plante man, und morgen brachen Märkte zusammen; soeben bestückte man das maschinelle Ungetüm, im nächsten Augenblick lag man in seinem Schlund. Das individuelle Schicksal wurde zum unkalkulierbaren Risiko, und zwar massenhaft. Damit veränderte sich die ganze bisherige Konstellation, im Denken wie im Handeln. Hatte der Philanthropismus die soziale Frage als eine individuelle oder Minderheitenfrage aufgeworfen, so hob nun ein Diskurs an, der mit anderen Formaten hantierte, mit Durchschnittswerten, anonymen Trends, namenlosen Wahrscheinlichkeiten. Statt von *menschlichem Pech* sprach man nunmehr von sozialen Übeln.

Dieser Übergang war nicht frei von Widerständen. Der Weg zu einer allgemeinen und gesetzlichen Risikovorsorge führte über einen Jahrzehnte währenden Streit zwischen den Verfechtern einer schrankenlosen und den Protagonisten einer sozial gezähmten Marktfreiheit. Ob es um die Einschränkung und später um das Verbot der Kinderarbeit, um die Anerkennung von Berufskrankheiten und die Berentung von Invaliden ging, stets warnten standfeste Liberale vor der Heraufkunft eines allmächtigen Vormundschaftsstaats, der die Initiative erstickt und zur Faulheit ermutigt. Was in diesem Ringen zunächst die Oberhand gewann, war eine Melange aus

Liberalismus und Determinismus, wie die folgenden Überlegungen von Léon Bourgeois, einem Vordenker der »Risikogesellschaft«, unterstreichen:

»Die sozialen Übel sind jene, deren Ursache nicht nur dem persönlichen Verschulden des Individuums zuzuschreiben ist, sondern dem Verschulden und der Unwissenheit aller. Die sozialen Übel sind jene, deren Auswirkungen sich nicht nur auf das Individuum beschränken, sondern darüber hinaus unweigerlich alle anderen Mitglieder der Gesellschaft betreffen; die sozialen Übel sind jene, deren Ursachen und Auswirkungen in ihrer Dimension weit über das Individuum selbst hinausgehen und bei denen infolgedessen die Haftung der ganzen Nation zum Tragen kommt.«[24]

Angesichts der industriekapitalistischen Revolutionierung sämtlicher Verhältnisse verlor der Gedanke einer rein individuellen Verantwortlichkeit zusehends seine Grundlage und seinen Sinn. Die Schuldverhältnisse waren nicht mehr primär im Individuum begründet. Sie gingen auf eine zugleich reale und überpersönliche Einheit über, auf die Gesellschaft. Die moderne Sozialversicherung, das ganze aufgefächerte System einer nationalstaatlichen Daseinsfürsorge leiten sich von dieser epochalen Wende her. Das liberale Zeitalter ging zu Ende und das sozialdemokratische Zeitalter brach an, mochten sozialistische Parteien bereits unmittelbaren Einfluss auf die Regierung haben oder nicht.

Zumeist besaßen sie diesen Einfluss nicht. Es waren recht unterschiedliche, mitunter höchst ungewöhnliche Koalitionen, die dem Sozialstaat in den Sattel halfen.[25] Aber wie immer er im Einzelnen zustande kam, die Wende von der Individual- zur Sozialmoral war durchaus zweischneidig. Sie erhöhte die Sicherheit, aber auch die Abhängigkeit der sozial Schwachen. Der Kampf gegen das soziale Übel war stets auch ein Kampf gegen seine designierten Opfer, gegen ihre Unordentlichkeit und Unbotmäßigkeit. Man sorgte für ihre Ausbildung, aber man überwachte auch ihre Ernährung, ihren

Alkoholkonsum, ihren Umgang; man half ihnen, die Zeit der Arbeitslosigkeit zu überbrücken, aber man trug Sorge, dass sie nicht in Müßiggang verfielen oder, schlimmer noch, illegale Erwerbsquellen erschlossen; man schützte sie vor berufsbedingten Risiken und unterwarf sie zugleich einem peinlich genauen Reglement von Arbeitsvorschriften. Kurz und gut: Man versicherte sie, um sich ihrer als willfährige Mitarbeiter eines gigantischen sozialhygienischen Projekts zu versichern. Jede neue Leistung fand ihre Entsprechung in einem Ausbau der sozialen Kontrolle. Das soziale Bürgerrecht trug einen Knüppel im Tornister.

Die Durchschlagskraft dieser Dialektik der Fürsorge auf das Leben der Einzelnen zehrte in besonderer Weise vom Kampf gegen Volkskrankheiten, gegen Epidemien, Pandemien. Während dieser Kampagnen verwob sich das Recht auf körperliche Unversehrtheit mit einem umfänglichen, strafbewehrten Pflichtenkatalog zu einem kaum entwirrbaren Knäuel zivilisatorischer (Selbst-)Disziplinierung. Freiheit als Freiheitsbeschränkung aus »Einsicht in die Notwendigkeit« – wir wissen aus jüngster Erfahrung, wie schnell man diesen neuen Umgang mit der Freiheit lernt.

Die Gesellschaft *bewusst* zu organisieren, auf der Basis kollektiver Prozesse und Zusammenhänge, die Hinwendung zum staatlichen Interventionismus wurde und wird von interessierter Seite gern als antiliberale Verschwörung etikettiert. Ein Mythos, wie das Studium der Quellen zeigt. Detaillierte Vorschriften und Regelungen auf dem Gebiet der öffentlichen Gesundheit, der Fabrikverhältnisse, des Transportwesens, der Zölle, der Sozialversicherung ergingen nicht an letzter Stelle auf Anregung überzeugter Anhänger des *Laissez-faire*. Auf ihrem Höhepunkt angelangt, gefährdete die Marktgesellschaft selbst den Fortbestand der Marktwirtschaft, und um diese zu retten, waren Abstriche vom völlig freien Spiel der wirtschaftlichen Kräfte und Akteure unumgänglich. Ob Liberale, Konservative oder gemäßigte Sozialdemokraten – den drohenden

Zusammenbruch des politisch ungezügelten Kapitalismus vor Augen, spielten sie alle die »sozialistische« Karte aus, die einen offen und mit Zuversicht, die anderen verschämt und als Getriebene.

Die Entdeckung der Macht der Verhältnisse bedeutete auch eine *Soziologisierung des Weltbildes*. Die soziologischen Wissenschaften entstanden in diesem geschichtlichen Kontext und stabilisierten ihn zugleich. Émile Durkheims berühmter Einspruch gegen das vom Markt her gedachte Sozialmodell der Liberalen – »nicht alles ist vertraglich beim Vertrag«[26] – markiert die Wende in der Problematisierung gesellschaftlicher Tatbestände. Durkheim argumentierte zugunsten des harmonischen Zusammenwirkens der Individuen, ihrer Solidarität innerhalb eines Systems weitverzweigter und gegenseitiger Abhängigkeiten, für einen Kompromiss zwischen den individuellen Interessen und der gedeihlichen Entwicklung des Ganzen. Die aktuellen Modalitäten des Tausches am Güter-, erst recht am Arbeitsmarkt seien viel zu flüchtig, zufallsabhängig, um alleinige Grundlage des Vertrags zu sein. Ein Arbeitsvertrag, der lediglich die augenblicklich abschätzbare Ertragslage eines Unternehmens widerspiegelt, das Entgelt einzig danach bemisst, zerstöre das auf die Zukunft gerichtete Zusammenwirken. Er trifft keinerlei Vorkehrungen für den Fall, dass das Unternehmen zugrunde geht und die Arbeiter ihre Arbeit verlieren, ohne jede Sicherung für die Zeit der Arbeitssuche und ohne aus ihrer bisherigen Beschäftigung Ansprüche für ihr Alter ableiten zu können. Das gesellschaftliche Dasein des Individuums erschöpft sich für Durkheim nicht in der momentanen Position, die es im System der gesellschaftlichen Arbeitsteilung innehat; es umfasst die Fähigkeit, sich in diesem System als Arbeiter *und* Bürger bewegen zu können.

Kollektive und verpflichtende Risikoprävention, jenseits von Patronage, Markt und nur individueller Absicherung –

das war der Kern des Übergangs vom Kontrakt zum Status. Man entschloss sich, umständehalber, der anonymen Gefahrenquelle einen Namen zu geben: »Gesellschaft«, und gestaltete diese ultimative Ursache des Scheiterns politisch aus. Das Recht, bis dahin als Korrektiv der bürgerlichen Gesellschaft gegen den Staat verstanden, verwandelte sich in ein Instrument, dass die Privatleute notfalls auch gegen ihr kurzsichtiges Eigeninteresse versicherte, sie dazu zwang, die langfristigen, im Detail nicht vorhersehbaren Folgen ihres Handelns zu berücksichtigen; die sozialen Rechte wurden zum Großsiegelbewahrer der menschlichen Würde.

Umstellung von der geträumten Autonomie absoluter Willensfreiheit auf die unauflösliche Abhängigkeit von ungezählten unbekannten anderen: Es war diese geistige Wende, die das moderne Sozialeigentum und die Versicherungsgesellschaft hervorbrachte. Sie bereitete der stürmischen Ausbreitung des öffentlichen Dienstes den Weg, öffnete Menschen aus der Mittel-, auch aus der Unterschicht weite Aufstiegskanäle, verhalf Ärzten, Juristen, namentlich Lehrern zu Ansehen, Einfluss und sozialer Normierungskraft. Sie etablierte die moderne Expertenherrschaft und erzwang zugleich die Protoprofessionalisierung der Laien. Sie ermöglichte erstmals in der Geschichte des Kapitalismus die gesellschaftliche Teilhabe aller oder doch fast aller sozialer Gruppen am wirtschaftlichen Fortschritt; die *Stelle* wurde mit Merkmalen und Garantien ausgestattet, die ihrem Inhaber zu einer anerkannten *Stellung* in der Gesellschaft verhalfen. Sie bewirkte die Selbststabilisierung des Kapitalismus auf konfliktreiche, aber friedliche Weise und leitete eine neue Phase der Entwicklung ein – die Lohn- bzw. Erwerbsarbeitsgesellschaft auf Basis einer nunmehr »bürgerlichen Form der Lohnabhängigkeit«.[27]

Die Öffnung nach unten ist unabgeschlossen und stets von Rückschlägen bedroht. Sie zu vollenden, müsste das Sozialeigentum aus seiner Verankerung an die Erwerbsarbeit gelöst und auf eigene Füße gestellt werden. Ein auskömmliches Einkommen für jeden Bürger, jede Bürgerin, unabhängig davon, ob sie entlohnte Arbeit kontinuierlich, zeitweise, sporadisch oder gar nicht leisten (obwohl sie dazu imstande wären), eröffnete jedem und jeder Teilhabe- und Mitwirkungschancen am öffentlichen Leben und am gemeinschaftlichen Wohlergehen. Dann erst wäre der Bürger ohne Arbeit ein Bürger wie jeder andere auch und den Unwägbarkeiten von Konjunkturzyklen, Wirtschaftskrisen, technisch-technologischen Umbrüchen in seiner Daseinsführung nicht länger ausgeliefert. Die »Freiheit, frei zu sein«, von der Hannah Arendt sprach,[28] wäre in ihrer doppelten Bedeutung – Freiheit von Furcht, Freiheit von Not – erstmals in der menschlichen Geschichte gemeinsamer Besitz. Kein Hohes Gericht müsste die Regierenden für die Beschämung arbeitslosen Lebens, den Entzug der Existenzgrundlagen bei Verstößen gegen Meldepflichten tadeln und daran erinnern, dass Würde mit hungrigen Mägen unverträglich ist und Arbeit nur das halbe Leben.

Eine offene Gesellschaft ohne innere Barrieren, begehbar für alle, das wäre schön.

Das wäre jetzt schon möglich.

INDIVIDUALISMUS VS. SOLIDARISMUS

Die Gesellschaft als eine Realität für sich, als System wechselseitiger Abhängigkeiten, als *Interdependenzgeflecht*, der Gedanke machte Epoche.[29] Wie bei der marktradikalen Öffnung des Sozialraums gibt es auch hier einen zeitlichen Marker, 1883, und einen Vorreiter, das Deutsche Reich unter Bismarck. Der Reichskanzler führte im Zuge seiner Sozialgesetzgebung in diesem Jahr erstmals eine verpflichtende Krankenversicherung ein, zunächst zu einem Drittel von den Arbeitgebern und zu zwei Dritteln von den abhängig Beschäftigten getragen. Ein Jahr später folgte die Unfallversicherung, 1889 die Alters- und Invaliditätsversicherung, 1891 die gesetzliche Rentenversicherung, schon paritätisch finanziert.

»Gesetzliche Nächstenliebe«, der Schlachtruf, unter dem Altliberale gegen diese Reformen zu Felde zogen, verklärte Bismarcks Intentionen. Kalte Berechnung ließ ihn handeln. Das soziale Los der Arbeitermassen einigermaßen erträglich zu gestalten, um deren weiter gespannte politische Ambitionen ebenso klein zu halten wie deren Repräsentanten, die Sozialdemokratie, bildete den Zweck der Übung – die nicht gelang. Womit der Kanzler nicht gerechnet hatte, war das Paradox sozialer Emanzipationsbewegungen. Der Erste, der es formulierte, war Alexis de Tocqueville. »Sehr oft geschieht es, dass ein Volk, das die drückendsten Gesetze ohne Klage und gleichsam, als fühlte es sie nicht, ertragen hatte, diese gewaltsam beseitigte, sobald ihre Last sich vermindert«, schrieb er in seinem Klassiker *Der alte Staat und die Revolution* von 1856. Eine bis heute gültige Erkenntnis. Zugeständnisse von oben werden unten als Schwäche gedeutet; statt zu erlahmen, gewinnt das Aufbegehren gegen die Privilegierten weiter an Fahrt, dringt auf die gesellschaftliche Einbeziehung ohne Wenn und Aber, auf ein Leben als Bürger erster Klasse. 1890 fielen die 1878 erlassenen Sozialistengesetze – der Sozialstaat blieb, und hatte seine beste Zeit noch vor sich.

Sein Grundprinzip, soziale Garantien, an Arbeit gebunden und zugleich über den Arbeitsvollzug selbst hinausweisend, bewährte sich beim Aufspüren wie bei der Milderung weiterer kollektiver Daseinsrisiken und ließ in der Folge neue Zweige des Sozialstaats sprießen. Das Sozialeigentum bildete den verlässlichsten Unterbau der gesellschaftlichen Öffnung, wogegen die Beschneidung, der Rückbau dieser Errungenschaften stets die Gefahr heraufbeschwor, dass sich die Normalbürger von den systemtragenden Parteien abwandten und radikalisierten.

Großkollektive, verpflichtende Risikovorsorge wies den Königsweg, auf dem die offene Gesellschaft die ihr spezifisch innewohnenden Risiken beherrschen lernte. Erfreulich für die Volksklassen, problematisch für die an Marx orientierten Systemkritiker. 1883 – das Geburtsjahr des Sozialstaats war auch Marx Todesjahr; ein zufälliges Zusammentreffen zweier Ereignisse, aber eines mit Aussagekraft für die bevorstehende Entwicklung. Die wirksame Dämpfung des Ausgeliefertseins an die Umstände warf die Frage nach der politischen Radikalität der werktätigen Massen auf, nach ihrer revolutionären Potenz. Die schlief nicht gänzlich ein, die herrschenden Gruppen bekamen es immer wieder gehörig mit der Angst zu tun, wenn es im Unterboden gärte, wenn Generalstreiks die Macht des Volkes demonstrierten oder, wie jüngst, Gelbwesten urplötzlich an die Macht der Straße erinnerten.

Aufs Ganze gesehen zog der geschichtliche Prozess, wenigstens in unseren Breiten, der Radikalkritik den Nerv. Die Arbeiterschaft ist solange revolutionär gestimmt, solange sie keinen geachteten, keinen auskömmlichen Platz in der Gesellschaft findet, und sie arrangiert sich mit den Verhältnissen, *wenn* sie ihn findet und längerfristig behauptet. Infolge dieser Lektion drifteten revolutionäre Theorie und soziale Praxis auseinander. *Die Analyse der Verhältnisse, ihrer Wider-*

sprüche, führte nicht mehr auf direktem Weg zur Aufdeckung des Subjekts, das diese Verhältnisse umwälzt. Jede Kritik am Kapitalismus, die auf mehr hinauswill als auf dessen Errettung vor sich selbst, seinen »Auswüchsen«, ringt mit diesem Resonanzproblem.

Soziale Schutzrechte federn den unmittelbaren Durchgriff des Marktes auf das Leben ab. Gleichwohl lockert der Umbruch zur Moderne die sozialen Bande, die die Akteure moralisch verpflichten, sodass sie einander auf selbstverständliche Weise beispringen, helfen, Ressourcen miteinander teilen. Die Zuweisung von Besitz, sozialem Status, Anerkennung vollzieht sich nun primär anhand von Wettbewerben, von Ausscheidungskämpfen um diese Güter. Außer im engsten Umkreis tritt die Sorge um den anderen in den Hintergrund, dort, wo die Würfel fallen, auf der Vorderbühne, geben auf ihren Vorteil bedachte Individuen den Ton an. Auf ihrem solidarischen Entwicklungspfad können Wettbewerbsgesellschaften dennoch soziale Bindungskräfte entfalten, die ihre Fliehkräfte effektiv zähmen. Die Schutzfunktionen quasinatürlicher Gemeinschaften gehen dann auf künstliche, dem Wesen nach *unpersönliche* Gemeinschaften über, deren Mitglieder einander in aller Regel unbekannt sind und das auch bleiben; der Steuerbürger und der Beitragszahler entlasten den Nächsten, Nahestehenden, treten gegebenenfalls an dessen Stelle.

Gleich ihren Vorzügen liegen auch die Verluste dieser Übertragung auf der Hand. Sorge, Hilfe, Beistand in riskanter Lage, darauf ist jetzt rechtlich Verlass. Zugleich kühlen die Gefühle bei dieser Art von Risikobewirtschaftung merklich ab. Das schmerzt und hinterlässt ein dauerhaftes Defizit an Vertrautheit und fraglosem Aufgehobensein, diesen Gratisgaben des »häuslichen« sozialen Sinns.

Das ist der Preis der Öffnung, der bezahlbar ist, sofern man in einer auf *solidarische* Weise offenen Gesellschaft lebt. Einzig in dieser Gestalt ist sie mehrheits- und langfristig überlebensfähig. Ihre Verfallsform, die »abstrakte Gesellschaft«, erscheint, noch grob bestimmt, als Widerspruch in sich, als *individualistische* Gesellschaft. In ihr gewinnen die Fliehkräfte die Oberhand über den sozialen Zusammenhalt. Die Individuen ziehen ihre Bahn als Einzelkämpfer, stoßen, Billardkugeln gleich, zusammen und reisen weiter bis zum nächsten Crash. Die Unterscheidung zweier Idealtypen der offenen Gesellschaft, der individualistischen und der solidarischen, ist unverzichtbar für eine Diagnose unserer Zeit, und greift über Popper hinaus. Wohl spricht der vom »demokratischen Interventionismus«, der sozialen Übeln Schritt für Schritt zu Leibe rückt, warnt aber zugleich und wiederholt vor »einer weiteren Einschränkung des freien Marktsystems«, davor, dass Sicherheitsbedürfnisse dem Freiheitswunsch den Rang ablaufen.[30] Wie zeitgleich Friedrich Hayek und andere (neo-) liberale Ökonomen beunruhigt ihn die Anfälligkeit liberaler Demokratien für »Planungsexzesse« nach kommunistischem Muster mehr als deren soziale »Schieflage«. Die in Kriegszeiten unumgängliche Verstaatlichung von Schlüsselindustrien ebenso wie die Aushebelung des Marktes bei der Festsetzung von Preisen und Löhnen – damit müsste es »jetzt«, nach dem Sieg über den Faschismus, ein schnelles Ende nehmen. Und was sonst könnte dem Kollektivismus ernsthaft die Stirn bieten als sein glattes Gegenstück, der Individualismus. In diesem schroffen Gegensatz gefangen, nimmt Poppers »offene Gesellschaft« mehr und mehr die Züge ihrer Krisengestalt, der abstrakten, marktkonformen, individualistischen Gesellschaft, an. Dass die Grenzen von Staat und Gesellschaft nicht verwischen, dass jener der »totalitären« Versuchung widersteht, sich in Verhältnisse einzumischen, die um des allgemeinen Wohls willen besser sich selbst überlassen bleiben, ist Poppers Überzeugung. Er zieht eine Linie vom allzu fürsorglichen Wohlfahrtsstaat zur Untergrabung der individuellen Freiheit und von dort zur Selbstgefährdung der Demokratie. Er kann oder will nicht sehen, dass diese Argumentationskette von Feinden offener Gesellschaften ersonnen wurde, von neoliberalen Thinktanks, die »Freiheit« mit »Marktfreiheit« übersetzen und Demokratie nur im Rahmen dieses Dogmas gelten lassen.

In höherem Maße noch als seine agitatorischen Absichten zeichnen sein Welt- und Menschenbild für diese theoretische Bruchlandung verantwortlich. Wer glaubt, »daß wir für unsere Handlungen und für die Rückschläge unserer Handlungen auf den Lauf der Geschichte *unumschränkte* Verantwortung tragen«,[31] macht aus der Freiheit einen Fetisch und aus der Bedingtheit allen menschlichen Handelns einen Popanz. Die Entdeckung der Gesellschaft als eigener Realität ebnete den Weg zur Versöhnung von Freiheit und Bedingtheit mittels kollektiver Risikovorsorge. Seither gibt es etwas Drittes jenseits von individualistisch und kollektivistisch verfassten Sozialverbänden: solidarisch verfasste Gesellschaften. Freiheit wird neu gedacht, relational, umständehalber, und das fällt manchem schwer.

»Im Grunde geht es um ein Menschenbild, das quer zu dem der üblichen Soziologie steht. Es geht um Freiheit. Freiheit war immer ein Grundproblem der Soziologie. Ein Freiheitsenthusiast wird nicht Soziologe. Und wem soziologische Texte auf die Stimmung schlagen, der wird den Menschen eher für fähig halten, anders zu handeln, als es sein Milieu, seine unmittelbaren Triebe, Egoismen und andere Bedingtheiten und Verwerflichkeiten nahelegen.«[32]

Popper hätte diese Sätze unterschrieben, da bin ich mir sicher. Die Denunziation von Soziologie als Soziologismus ist so alt wie diese Disziplin selbst und auch in seinem Werk finden sich dafür zahlreiche Belege.

Dort, wo sein antisoziologischer Affekt seinem Höhepunkt entgegenstrebt, in seiner Auseinandersetzung mit Karl Mannheims Wissenssoziologie, erreicht seine Argumentation ihren Tiefpunkt. Mannheim, 1933 vor den Nazis nach England geflohen, hatte sein bekanntestes Werk, *Ideologie und*

Utopie, vier Jahre zuvor veröffentlicht. Eine profunde Analyse der geistigen Situation der späten Weimarer Republik sowie eine Aufforderung an die Intellektuellen, die soziale »Seinsgebundenheit« ihres Denkens und Strebens zu reflektieren, statt sich bewusstlos zum Sprachrohr dieser oder jener Strömung zu machen: »In Wahrheit determiniert ist nur derjenige, der die wesentlichsten determinierenden Fakten nicht kennt, sondern unmittelbar unter dem Druck ihm unbekannter Determinanten handelt. Jede Reflexivmachung der bislang uns beherrschenden Determinanten setzt diese herab aus der Sphäre der unbewussten Motivationen in das Gebiet des Beherrschbaren, Kalkulierbaren, Objektivierten. Wahl und Entscheidung werden dadurch nicht aufgehoben, ganz im Gegenteil, Motive, durch die wir bislang beherrscht wurden, werden nunmehr durch uns beherrscht, wir werden immer mehr zurückgedrängt auf unser wahres Selbst, und wo wir bisher Zwangsläufigkeiten dienten, dort steht es in unserer Macht, mit jenen Kräften bewusst uns zu verbinden, mit denen wir uns von Grund auf zu identifizieren imstande sind.«[33]

Damit traf Mannheim offenbar einen empfindlichen Punkt bei Popper, wie dessen ebenso unversöhnliche wie verständnislose Abwehr zeigt: »Die Idee ist irrig, daß ein soziologisches, psychologisches, anthropologisches oder sonst ein Studium von Vorurteilen uns helfen kann, uns von ihnen zu befreien (…). Die Selbstanalyse ist kein Ersatz für jene praktischen Handlungen, die zur Errichtung von demokratischen Institutionen notwendig sind; und nur diese können die Freiheit des kritischen Denkens und den Fortschritt der Wissenschaft garantieren.«[34]

Dass demokratische Institutionen die Freiheit des Denkens von sich aus garantieren, die Selbstreflexion entbehrlich machen – diesen Gedanken muss ein Philosoph erst einmal fassen.

»Dieser Einwand missdeutet meine philosophischen Intentionen«, würde Popper erwidern. Tatsächlich liegt die letzte

Rückversicherung offener Gesellschaften für ihn weniger in demokratischen Institutionen, so unverzichtbar sie sind, als vielmehr in Individuen, die sich dazu entschlossen haben, frei zu sein. Die Entscheidung zur Freiheit ist unhintergehbar, sozial nicht herleitbar, ein existenzielles Faktum.

Popper lässt soziologisches Denken gelten, wenn es darum geht, den Psychologismus in die Schranken zu weisen, menschliches Handeln aus der »Logik der Situation« heraus zu verstehen. Nur dürfe man die Verdienste des Psychologismus bei aller Kritik nicht übersehen. Allein der »methodologische Individualismus« verhindere die Mystifizierung gesellschaftlicher Tatsachen, hielte dazu an, »alle sozialen Phänomene, insbesondere das Funktionieren aller sozialen Institutionen, immer als das Resultat der Entscheidungen, Handlungen, Einstellungen menschlicher Individuen« zu begreifen.[35]

Für Popperianer bestehen offene Gesellschaften im Kern »aus lauter selbstbestimmten, autonomen Menschen, die sich auf den Weg gemacht haben, in gegenseitigem Respekt, Achtung und Demut vor der Verletzbarkeit und Unvollständigkeit menschlicher Existenz miteinander leben zu wollen. Es gibt wohl nichts Wirkungsmächtigeres in der Evolution als Menschen, die bereit sind, sich kritisieren zu lassen, aus ihren Fehlern zu lernen, und so unbeirrbar ihren Weg in die Freiheit zu gehen«.[36]

»Unbeirrbar« lautet das Kennwort dieser philosophischen Gemeinde. Der zur Freiheit entschlossene Mensch weist alle Relativierungen, Rationalisierungen und Objektivierungen von sich, die seinen Entschluss als in irgendeiner Weise bedingt erscheinen lassen. Ein der Selbstkritik unterzogener Entschluss wäre ein angekränkelter Entschluss, nicht länger tragfähig für eine offene Gesellschaft. Man kritisiert andere, lässt sich von diesen kritisieren, und hütet sich geflissentlich vor dem zersetzenden Gift von Kollektivbegriffen. Den freien Menschen von Poppers »offener Gesellschaft« sitzt die Angst im Nacken, durch Selbstaufklärung mehr über sich zu erfahren, als ihrer rigorosen Freiheitsbehauptung guttun könnte.

Sich selbst zu objektivieren, ist das nicht ein wenig so, als schritte man auf einer Wendeltreppe nach oben und blickte dabei fragend nach unten auf den, der man war, vor kürzerer oder längerer Zeit? Wie war, wie dachte dieser Mensch? Was trennt ihn von dem auf den oberen Stufen, was verbindet ihn mit diesem, im Denken und Wollen?

Die Metapher stammt von Norbert Elias, dem einstigen Assistenten Mannheims aus Frankfurter Zeiten, den es gleichfalls nach England verschlug und der internationale Anerkennung erst spät, in den 1970er-Jahren, erlangte. Elias kommt hier deshalb ins Spiel, weil er zum Leitthema dieses Abschnitts Wesentliches beizutragen hat. Sein Konzept der Ich-Wir-Balance ermöglicht es, die idealtypische Unterscheidung zwischen individualistischer und solidarischer Gesellschaft näher an die Realität heranzuführen. Kollektive Lebensformen entsprechen selten ihrem Begriff, meist haben wir es mit gemischten Verhältnissen zu tun, die der Typologie mehr oder weniger zuneigen. Doch genau darum, um dieses Mehr oder Weniger, um diese Abstufungen und Graduierungen, war es Elias zu tun. Er stieß im Zusammenhang mit seiner Untersuchung von Individualisierungsprozessen auf diese Problematik. Über den Zugang, den er fand, äußerte er sich in einem Gespräch, das wir 1988 in Amsterdam führten: »Deswegen ist mir der Begriff der Ich-Wir-Balance so wichtig. Die Ich-Wir-Balance kann zu weit für das Wohlbefinden des Einzelnen nach der Wir-Seite gehen, sie kann aber auch zu weit für beide, für das Wohlbefinden des Einzelnen wie das Wohlbefinden der Gesellschaft, zur Ich-Seite gehen. Wenn Sie mich fragen, ob die Verlängerung und langfristige Differenzierung der Interdependenzketten nicht zu einer Überlastung der Verantwortung und der Last führt, die auf der Ich-Seite der Balance liegt, dann würde ich sagen, das ist ein der Untersuchung wertes Problem.«[37]

Die Fruchtbarkeit dieses Zugriffs für die genauere Auffächerung des Spektrums offener Gesellschaften ist offenkundig. Deren individualistische Spielart kappt die Bindungen zwischen Mensch und Mensch nicht umstandslos, verleiht ihnen aber eine andere Bedeutung. Als einer der Ersten erfasste der schottische Gelehrte Adam Ferguson diesen Bedeutungswandel noch im 18. Jahrhundert und schrieb:

»Es geschah stets in Gruppen und Gesellschaften, daß die Menschen umhergewandert sind oder sich niedergelassen haben, daß sie sich einig gewesen sind oder sich gestritten haben. Wie immer ihr Zusammenkommen beschaffen sei, seine Ursache liegt im Prinzip des Bündnisses oder der Vereinigung.« Dass diese unumstößliche Wahrheit in Vergessenheit geraten konnte, hing für ihn mit der Herausbildung »kommerzieller Gesellschaften« zusammen: »Wenn überhaupt jemals, so findet sich in der Tat hier der Mensch zuweilen als ein losgelöstes und einsames Wesen (…). Die mächtige Maschine, von der wir annehmen, daß sie die Gesellschaft bildet, sie dient hier nur dazu, ihre Mitglieder zu entzweien oder ihren Verkehr fortzusetzen, nachdem die Bande der Zuneigung zerrissen sind (…)«. Diese Entwicklung verändert fundamental den Blick der Einzelnen auf ihren sozialen Zusammenhang: »Das Individuum schätzt sein Gemeinwesen nur noch insofern, als es seinem persönlichen Vorankommen oder Gewinn dienstbar gemacht werden kann.«[38]

In individualistischen Gesellschaften, die Ferguson »kommerzielle« nennt, schlägt das Pendel der Ich-Wir-Balance allzu stark zur Ich-Seite hin aus, sodass die Individuen soziale Bindungen instrumentalisieren und danach trachten, sich den daraus erwachsenden Abhängigkeiten und Verpflichtungen zu entziehen, so gut es eben geht.

Einigen gelingt das gut. Sie verfügen über die erforderlichen Ressourcen ökonomischer und kultureller Art, um sozialstaatlich gleichsam auf Entzug zu gehen. Andere, ärmer an Ressourcen, tun sich damit schwerer. Den Ruf, ihr Leben doch bitte in die eigene Hand zu nehmen, vernehmen sie wohl, die Moral des Selbsthelfertums hat längst auch sie erfasst, und die derart Angerufenen mühen sich nach Kräften. Aber sie bleiben bei allem Bemühen auf verlässliche soziale Bindungen, auf rechtlich fixierte Daseinsgarantien angewiesen. Jede Schwächung des »Wir« verschiebt die Last der Verantwortung weiter zur Ich-Seite hin, die diese Bürde allein nicht stemmen kann, und das Wohlbefinden sinkt rapide.

Flucht aus der Verantwortung hier, überlastete Verantwortlichkeit dort: Die solidarische Spielart der offenen Gesellschaft beugt beidem vor. Eine gänzlich ausgewogene Balance liegt indes jenseits ihrer Möglichkeiten. Das widerspräche ihrer Offenheit, ihrer Gründung auf Eigentum, Markt, Wettbewerb. Auf soziale Kreise, die ihre schützende Membran verlieren. Auf Individuen, die flügge werden, wahrhaft *gesellschaftliche* Individuen, die ihre Bestimmung finden, indem sie aus sich herausgehen und ihre Kräfte miteinander messen. Das gibt dem Leben Reiz und Würze, legt die Betonung auf die Ich-Seite und weist dem Wir im Wesentlichen die Funktion zu, die Voraussetzungen dafür zu schaffen, dass viele, möglichst alle, diesen Ich-Gewinn auskosten können.

Die Bindungskraft solidarischer Gesellschaften gründet somit in der Institutionalisierung vormals persönlicher, moralisch verpflichtender Solidarformen, beschränkt sich aber nicht darauf. *Alltagssolidarität* bildet die intersubjektive Komponente modernen Weltvertrauens. Deren Wurzeln sind in der Evolutionsgeschichte des *Homo sapiens* selbst verankert. Jeder neu in die Welt eintretende Mensch verfügt über eine empathische Grundausstattung, die ihn ohne jede Schulung spontan an seinesgleichen bindet, wie vergleichende anthropologische Forschungen überzeugend darlegen. Einander helfen, informieren, miteinander teilen: »Es gibt kaum Beweise dafür, dass der in diesen drei Fällen (…) von Kindern gezeigte Altruismus das Ergebnis von kultureller Prägung, elterlichem Einfluss oder irgendeiner anderen Art von Sozialisierung ist.«[39] Diese Mitgift mündet bei Kindern im Alter von sechs oder sieben Jahren in einen »Wir>ich-Modus, bei dem ›wir‹ jeden von uns als Individuen selbst regulieren. Diese freiwillige Unterordnung des ›ich‹ ist mehr als alles andere ein Beleg dafür, dass die Beteiligten sich so verstehen, dass sie interdependent als ein einzelner Akteur operieren, dessen Leistungsbefugnisse und normative Kräfte diejenigen übersteigen, die jeder Beteiligte für sich als Individuum besitzt«.[40] Das ist die Embryonalform weit ausgreifender und auf individueller Selbststeuerung gegründeter Wir-Konstrukte.

Allerdings gibt es auch Anzeichen dafür, dass Kinder mit fortschreitendem Alter lernen, *selektiv* zu helfen und zu teilen, jeweils in Abhängigkeit davon, ob dieses Verhalten erwidert oder belohnt wird.[41] Die Umstellung »naiven«, nutzenblinden Handelns auf Äquivalenz von Leistung und Gegenleistung – das kann man mit Rational-Choice-Theoretikern als Prozess geistiger Reifung deuten oder in der Nachfolge Rousseaus als Moralverfall: Menschen kommen einander von Grund aus gewogen zur Welt, und die Gesellschaft verdirbt sie.

Nur sind es, wenn überhaupt, *bestimmte* gesellschaftliche Verhältnisse, die diese verderbliche Wirkung entfalten. Verhältnisse, die die Individuen nach Stand, Schicht, Klasse sortieren, die Selbstbesorgten gegen die Fremdversorgten aufbringen und die Anteilnahme am Geschick anderer, die nach Erwiderung nicht fragt, fragwürdig erscheinen lassen: Verhältnisse, die die wohl kalkulierte Gegenseitigkeit prämieren und »kluge« Kinder züchten.

Die gute Nachricht lautet: Unser ererbter Hang zu Reziprozität und Kooperation trotzt noch den widrigsten Umständen. Ein besonders denkwürdiges Exempel dieser untilgbaren Disposition lieferte das Verhalten von Soldaten im Ersten Weltkrieg. Wann immer sich eine Gelegenheit dazu bot, fraternisierten sie zum Entsetzen der respektiven Heeresleitungen über die Gräben hinweg, schossen gezielt über die Köpfe des Feindes oder verließen an Feiertagen ihre Stellungen, um einander zu umarmen und Fotografien ihrer Frauen und Kinder herzuzeigen.[42] Sie dieser Unart zu entwöhnen, verwickelten die Vorgesetzten die feindlichen Brüder wiederkehrend in Scharmützel, deren einziger Zweck in der Aufrechterhaltung militärischer Tugenden bestand.

Auch unter den obwaltenden Verhältnissen eine eher knappe Ressource, nicht einklagbar, freigiebig, appelliert Alltagssolidarität an »eine vielleicht nicht eingestehbare oder nicht darstellbare Gemeinschaft, wo wir zugleich losgelöst, unterschieden und gebunden sein können. Dafür muss ich freilich etwas einsetzen, von dem ich nicht sicher sein kann, dass es sich auszahlt: Vertrauen, das sich als allzu ›riskante Vorleistung‹ entpuppt, Bindung, deren ungeheurer Wert erst im Moment der Trennung erlebt wird, und Engagement, das nicht selten in Enttäuschung endet.«[43]

Als weiteres Gegengift gegen die Tendenz zur Überindividualisierung stärkt Alltagssolidarität das Wir-Gefühl im Einklang mit Ich-Bedürfnissen, die das »Ich« allein nicht stillen kann.

Poppers »geschlossene Gesellschaft« kennt kein Balance-Problem; das »Ich« verschwindet im »Wir«, Punktum. Dass die staatssozialistischen Gesellschaften so geschlossen nicht waren, wurde schon gesagt. Auch diese Aussage lässt sich jetzt konkretisieren.

In manchen Bereichen schlug das Pendel heftiger zur Ich-Seite aus als zeitgleich im Westen. Dabei kam die »ursprüngliche sozialistische Akkumulation« wahrlich nicht in Samthandschuhen daher. Wo sich althergebrachte Traditionen und Bindungen dem Projekt der nach- bzw. aufholenden Modernisierung in den Weg stellten, räumte man kurzerhand damit auf. Millionen von Menschen wurden aus ihrer angestammten Umgebung herausgelöst und in die aus dem Boden gestampften Industriestandorte verfrachtet. Kinder und Alte überantwortete man staatlicher Betreuung, damit Frauen bzw. jüngere, arbeitsfähige Menschen einen vollwertigen Beruf ausüben konnten. Das Scheidungsrecht erfuhr eine Modifikation, die die ökonomische Verfügbarkeit trennungswilliger Partner nicht durch zeitaufwendige Verfahren bzw. Ruhigstellungszahlungen behinderte. Die bis dahin illegale Abtreibung wurde entkriminalisiert, zahlreicher und gesunder Nachwuchs staatlich gefördert. Aufgrund der hohen Beschäftigungsquote der Frauen wurden die Geschlechterbeziehungen sowie die familiäre Funktionsteilung verflüssigt und auf »Aushandlung« umgestellt. Mit abklingender Umwälzungsdynamik lebten sich die Menschen nach und nach in die neuen Verhältnisse ein, die zunächst wie eine Naturgewalt über sie gekommen waren. Ein eigenes Leben für jede und jeden aufgrund einer gesicherten Stellung im Erwerbssystem – das eröffnete Spielräume im Persönlichen, im Miteinander, die man schätzen lernte, zu nutzen verstand, zunehmend auch gegen »die da oben«. Trotz bis zuletzt fortbestehender Gängelung sehnte sich kaum jemand zurück in die alte Welt persönlicher Abhängigkeits-, Hörigkeits- und Schuldverhältnisse.

Dass dieser Freisetzungsprozess nicht aus dem Ruder lief und lauter Ichlinge gebar, dafür trafen die Herrschenden reichlich Vorkehrungen. Ein tiefgestaffeltes System der sozialen Daseinsvorsorge hielt die persönliche Verhaltenslast in handhabbaren Grenzen; Freisetzung und Rückbindung vollzogen sich im Gleichschritt. Kollektive banden die Menschen in den verschiedensten Bereichen ein, stärkten den Zusammenhalt und übten zugleich soziale Kontrolle aus. Der ausufernde Überwachungsstaat belagerte das Ich, disziplinierte, drangsalierte es, wenn es nicht spurte.

Diese widersprüchlichen Entwicklungslinien, Ich-fordernde, Ich-bindende, Ich-feindliche, sollte man im Auge haben, wenn man über diese Sozialformation urteilt. Mit Pauschalisierungen wie »Unrechtsstaat« oder »totalitäres System« richtet man da wenig aus. Denkverboten ähnlicher als analytischen Werkzeugen sind sie viel zu grobmaschig, um diese Widersprüche einzufangen und versagen sie bei der Beschreibung poststalinistischer Verhältnisse komplett. Aufs Ganze gesehen verschob sich die Ich-Wir-Balance infolge der Verinnerlichung starker gesellschaftlicher Fremdzwänge merklich zur Wir-Seite hin. Die Formel »Vom Ich zum Wir«, von oben in Umlauf gesetzt, entsprach den Realitäten.

Das, in etwa, war der Stand der Dinge, als zwei neuerliche Umbrüche, der eine mit längerer Anlaufzeit und auf westlichem Terrain, der andere im Osten und abrupter Art, diese Verhältnisse gehörig aufmischten.

ABSCHIED VON GESTERN

Geburtsjahr, Schauplatz und selbst die Hebamme der neuen Spielart offener Gesellschaften, der neoliberalen, lassen sich recht genau bestimmen: 1979, Großbritannien, Margaret Thatcher. Lange wollte die Zeugung nicht gelingen, der geistige Same war früh gelegt, fruchtete aber politisch nicht, und so nahm die Inkubation Jahrzehnte in Anspruch. Am Ende ging es schnell, der Sprössling kam per Kaiserschnitt zu Welt. Historiker berichten, wie sich dieser Paradigmenwechsel im Einzelnen vollzog.[44] Dem folge ich, wobei mich das Exemplarische dieses Vorgangs interessiert. Um an neuen Ufern Fuß zu fassen, muss man die Brücken abreißen, die dorthin führten, neue Selbstverständlichkeiten schaffen, in deren Licht die alten wie unbegreifliche Irrtümer erscheinen.

Vom Ende des Zweiten Weltkriegs bis weit in die 1970er-Jahre hinein gab es wenige Anzeichen für eine abermalige Trendwende weg vom Solidarismus, hin zum Individualismus. Die Nachkriegskonjunktur brachte die Wirtschaft auf Touren, das durchschnittliche jährliche Wachstum schnellte jäh nach oben und lag noch in den 1960ern bei vier Prozent; eine Verteilungsmasse, auskömmlich genug, um soziale Konflikte staatlich zu moderieren. Umfängliche Eingriffe in die Wirtschaft waren (noch) nicht verpönt, im Gegenteil. Im Krieg zur Mobilisierung aller Energien und Ressourcen unverzichtbar, schien eine aktive Rolle des Staates auch in Friedenszeiten der beste Weg, um sich der Antriebskräfte des Patriotismus auch künftig zu versichern. Dass ein ökonomisch rückständiges Land wie die Sowjetunion in Windeseile zur Industrienation herangewachsen war und den Hitlerfaschismus nicht zuletzt dank dessen niedergerungen hatte, sprach überzeugend zugunsten gesamtgesellschaftlicher Planung. Auch deshalb fand Keynes im Westen in diesen Jahren breite Zustimmung in so gut wie allen Parteien. Im heraufziehenden sozialdemokratischen Zeitalter herrschte unter den großen Lagern weitgehend wirtschaftspolitischer Konsens. Konservative und Liberale wetterten auf Parteitagen gegen Keynes, gegen überbordende Planung; Wortgeklingel, das abklang, sobald und so lange sie regierten.

Das war am klarsten in Großbritannien zu beobachten. Hier behauptete sich das Konzept eines staatlich gelenkten Kapitalismus am längsten und beharrlichsten. Umso erstaunlicher auf den ersten Blick, dass sich der politische Richtungswechsel gerade auf diesem Boden ereignete, und das mit Aplomb und weltweiter Ausstrahlung. Bei genauerem Hinsehen wird erkennbar, dass es sehr spezifisch britische Bedingungen und Faktoren waren, die die Geburt des politischen Neoliberalismus begünstigten. Hier spitzten sich die Gegensätze zu, indem sie sich scheinbar abstumpften, auf paradoxe Weise also, bis der Punkt erreicht war, an dem es zur Entscheidung drängte. Zwingend, alternativlos erscheint der Ausgang nur im historischen Rückblick. Es hätte anders kommen können. Dazu hätte die radikale Linke, die die Machtprobe suchte, eine in die Zukunft weisende Antwort auf die Frage geben müssen, wie es gesellschaftlich weitergehen sollte, falls sie den Sieg davontrüge. Die blieb sie schuldig und so wurde die Zukunft eine leichte Beute ihrer Gegner. Die freuen sich des ihnen zugefallenen Besitzes bis auf unsere Tage. Aber lassen wir die Fakten sprechen.

Im Mutterland des zerfallenden Empire waren die Konservativen seit 1951 ununterbrochen am Ruder und rüttelten trotz aller anders lautenden Rhetorik weder an den Verstaatlichungen der Vorgängerregierung noch an deren Planungs- und sozialem Ausgleichseifer. Zu Beginn der 1960er-Jahre wichen sie unter Harold Macmillan durch Kürzungen von Sozialausgaben sowie einer Lohnpause erstmals von dieser Linie ab. Diese Maßnahmen waren nicht, wie üblich, mit den Gewerkschaften abgestimmt, was deren erbitterten Widerstand hervorrief. Man besann sich und gründete 1962 den National

Economic Development Council, in dem Vertreter der Regierung gemeinsam mit Unternehmern und Gewerkschaftlern künftig einvernehmlich herausfinden sollten, wie der Staat seine Vermittlerrolle auch bei ökonomischen Flauten erfüllen kann. Nicht weniger, sondern *mehr* Planung, *mehr* Abstimmung, *mehr* Koordination widerstreitender Interessen – diese Antwort auf die Krise war lange wegweisend, unstrittig.

Konjunkturzyklen verschwanden deshalb nicht, sorgten im Abschwung nach wie vor für Stockungen, rückläufige Steuereinnahmen, steigende Arbeitslosigkeit. Eine Linderung und Besserung der Lage versprachen stets Werkzeuge aus demselben Denkbaukasten. Diese Werkzeuge mussten vervielfältigt, verfeinert, präziser aufeinander abgestimmt werden, dann bekäme man eines Tages Zyklen und Krisen womöglich planerisch in den Griff.

Labour-Regierungen musste man diese Utopie nicht eigens schmackhaft machen. Als Harold Wilson 1964 Premierminister wurde, gab er gleich in einer seiner ersten Reden seine Visitenkarte als »Modernisierer« in Form des Versprechens einer »besseren Wirtschaftspolitik« – und das hieß seinerzeit wie selbstverständlich das Bekenntnis zu »mehr Planung« – ab. Widerworte seiner Staatssekretärin für Beschäftigung und Produktivität, die die enorme Machtfülle der englischen Gewerkschaften beschneiden und das »freie Spiel« der Tarifpartner stärken wollte, fanden kein Gehör. So etwas passte nicht ins Konzept, das sprengte den Rahmen.

Einstweilen und für die nächsten Wechsel an der Spitze blieb es beim *business as usual.*

1970 kamen wieder die Konservativen mit Edward Heath an die Reihe. Der hatte angekündigt, die Staatstätigkeit zurückzufahren, sich aus Lohnkämpfen möglichst herauszuhalten, Urteilssprüche des Marktes, auch schmerzliche, zu respektieren. Doch kaum hatte sich Rolls-Royce bei der Entwicklung eines neuen Triebwerks finanziell überhoben, verhinderte er mit immensen Steuergeldern den Zusammenbruch und verstaatlichte den britischen Vorzeigekonzern. Dann kriselten zum wiederholten Mal die Werften des Landes. Abermals griff die Regierung ein und übernahm sie kurzerhand. Im schon länger verstaatlichten Bergbau sollten moderate Lohnsteigerungen den Abbau von Arbeitsplätzen minimieren. Nicht mit den britischen Gewerkschaften, die ihren Anhang mobilisierten, die Kraftwerke landesweit blockierten und schließlich eine Lohnerhöhung von 16 Prozent erzwangen, doppelt so hoch wie die Inflationsrate. Anlässlich der ersten Ölpreiskrise 1973 intervenierte die Regierung abermals bei drohenden Stilllegungen und erhöhte ihre Ausgaben, indem sie die Notenpresse anwarf. Damit nicht genug erblickte ein weiteres Gremium der Konfliktschlichtung das Licht der Welt, der National Industrial Relations Court. Zu guter Letzt fror das Heath-Kabinett für neunzig Tage alle Preise, Renten, Löhne und Gewinnausschüttungen ein. Statt sich, wie versprochen, aus der Wirtschaft zurückzuziehen, griff die Regierung damit erneut in zentrale Bereiche ein und versündigte sich an den Glaubenssätzen der »Ökodizee«.

Sodann kehrte Labour an die Macht zurück, es begann Wilsons zweite Amtszeit. Der anhaltende Niedergang der klassischen Industrien, Kohle, Stahl, Schiffbau, Textilien, hatte sich inzwischen ungebremst fortgesetzt, der Erdölpreis stieg weiter, desgleichen Arbeitslosigkeit und die Staatsverschuldung, das Wirtschaftswachstum schrumpfte auf 1,5 Prozent. Und was geschah? Abkehr vom Interventionismus, von der Notenpresse, und sei es nur in kleinen Dosen? Oder weiter so und mehr vom selben? 23 Prozent Lohnsteigerung bei 24 Prozent Inflation im Jahr 1975 gaben die Antwort. Ein Jahr darauf wurde die Notwendigkeit einer Trendumkehr dann doch spruchreif. Wilson, der sich ihr widersetzte, war soeben zurückgetreten, James Callaghan, sein Nachfolger, wusste zwar auch keinen Rat, nur, dass es auf die bisherige Weise nicht weiterging. Und das sagte er seinen Parteifreunden auf dem jährlichen Parteikongress:

»Wir glaubten, dass wir durch höheren Konsum aus einer Rezession herauskommen können und mehr Beschäftigung erhalten, wenn wir die Steuern senken und die Staatsausgaben steigern. Ich sage Euch in aller Offenheit, dass diese Option nicht länger besteht. Und wenn sie jemals überhaupt bestand, hat sie jedes Mal nur dadurch funktioniert, dass sie der Wirtschaft eine größere Dosis Inflation verpasste, gefolgt von höherer Arbeitslosigkeit als nächstem Schritt.«[45]

Die Reaktion auf diese Rede war eine landesweite Streikwelle, in deren Zentrum der öffentliche Dienst stand: Müllberge in den Städten, Patienten vor geschlossenen Krankenhäusern, sogar die Totengräber streikten und ließen Leichen unbeerdigt.

Labour befand sich in der Klemme zwischen Internationalem Währungsfond und militanter Streikfront. Der IWF hatte dem Land für gewährte Milliardenkredite ein strenges Spardiktat verordnet. Dagegen verstieß die Regierung notgedrungen, druckte Geld, um den schon Wochen währenden Aufstand endlich abzuwiegeln. Die Gewerkschaften, damit nicht zufrieden, schraubten ihre Forderungen indes immer höher. Sie drängten die Regierenden, die Politik des Ausgleichs aufzugeben, im Streit der großen Lager die Partei der Arbeitnehmer zu ergreifen, und zwar ohne Wenn und Aber. Dieses Ziel zu erreichen nahmen sie anarchische Zustände im Land in Kauf – und überreizten ihr Blatt.

Die Stimmung schlug um. So konnte es tatsächlich nicht weitergehen. Dauerkrise und kein Ende, die Auswirkungen trafen jeden und verstärkten, auch in Teilen der Arbeiterschaft, den Wunsch, zu einem normalen Alltag zurückzukehren. Der Umschwung der öffentlichen Meinung verlieh den Konservativen Aufwind und erhöhte den Druck auf die Amtswalter, den Ausnahmezustand auf ihre Weise zu beenden. Diese schreckten jedoch vor einem Bruch mit den Gewerkschaften zurück, erst recht vor einem Paradigmensturz, und hielten am Grundsatz der Planbarkeit offener Gesellschaften fest. Für einen Tony Blair war die Zeit noch nicht gekommen, den Befreiungsschlag zu wagen blieb der Konservativen Margaret Thatcher vorbehalten.

Anfänglich zögerte auch sie. Wohl verkündete sie die Ansichten und Instinkte aus der Welt des Kolonialwarenhandels, in der sie aufgewachsen war, schnurstracks als Ethos der neuen Epoche: Wagemut, gesunder Egoismus, Selbstsorge vor Staatsfürsorge, Rechenhaftigkeit in allen Lebenslagen. Aber um den Menschen gar keine andere Wahl zu lassen, als ihre Gewohnheiten in diesem Sinn umzukrempeln, musste erheblich mehr geschehen. Und noch war die Gegenseite stark und suchte selber den Entscheidungskampf. Um die Kräfteverhältnisse zu testen, versetzte sie dem Gegner erste Stiche: Senkung der Einkommenssteuer bei gleichzeitiger Heraufsetzung der Mehrwertsteuer, zuzüglich einer noch zaghaften Liberalisierung der Finanzmärkte. Die Gegenseite nahm die Herausforderung unverzüglich an. Die Streiks im öffentlichen Dienst wurden ausgeweitet, kräftige Lohnzuschläge wurden gefordert und gewährt, auch den Bergleuten gab sie nach mit wiederum absehbaren Folgen: Mehr Inflation, Rückgang des Exports infolge höherer Gestehungskosten in der Wirtschaft, Anstieg der Arbeitslosigkeit und ergo der Sozialausgaben, wachsende Staatsverschuldung. In den ersten beiden Jahren von Thatchers Regentschaft ging das Bruttosozialprodukt um fünf Prozent zurück, in der verarbeitenden Industrie gar um 15 Prozent. Vollmundige Ankündigungen, kleinlauter Rückzug, das kannte man schon.

Sollte der Richtungswechsel gelingen, bedurfte es eines Neustarts des Richtungswechsels, und zwar an zwei Fronten zugleich, der ökonomischen *und* der politischen. Und so verfuhr die Premierministerin, die erst jetzt zur Eisernen Lady reifte. Sie verlegte den Kampfplatz zunächst auf die Privatisierung staatlicher Betriebe und öffentlichen Eigentums, anfangs noch in kleinen, vorsichtigen Schritten, um sodann ihren eigentlichen Coup zu landen: den flächendeckenden Verkauf der *council houses*, im Besitz der Gemeinden befindliche Wohneinheiten, die rund 30 Prozent aller in Großbritannien vorhandenen Häuser umfassten. Wer in einem dieser Häuser »länger als drei Jahre wohnte, erhielt auf den Kaufpreis eine Ermäßigung von 33 Prozent, die bei längerer Dauer bis auf 80 Prozent ansteigen konnte. Dieses Angebot war so verführerisch, dass von 1979 bis 1989 etwa eine Million dieser Häuser verkauft wurden. Die Zahl der Hauseigentümer insgesamt stieg in diesem Zeitraum um drei Millionen, sodass 1988 ca. 64 Prozent der Bevölkerung in den eigenen vier Wänden lebten, eine der höchsten Zahlen für Industrieländer.«[46]

Für Thatcher eine »der wichtigsten sozialen Revolutionen des Jahrhunderts«.[47] Die Auswirkungen dieser Privatisierungswelle waren wahrlich gewaltig und wirken bis heute nach. Ihre unmittelbaren Effekte entsprachen genauestens der Absicht. Die Verwandlung von Millionen abhängig Beschäftigter in Eigentümer auf Kredit schwächte die Streik- und Kampfeslust der Arbeiter und verschaffte der Premierministerin die notwendige Rückendeckung bei der Verfolgung ihres Hauptanliegens, die Gewerkschaften und deren radikale Funktionäre ein für alle Mal in die Schranken zu weisen. Im ersten Schritt wurden Stahl- und Bergbau rücksichtslos saniert, Zehntausende verloren ihre Arbeit. Eine gezielte Provokation, die ihr eingeschworener Gegenspieler Arthur Scargill, seines Zeichens Präsident der britischen Bergarbeitergewerkschaft, nicht unbeantwortet lassen konnte. Er nahm die »Kriegserklärung« an, rief seinerseits zum Krieg gegen die Regierung auf, zu einem großen Streik, der die gesamte Volkswirtschaft lahmlegen sollte.

Seine Rivalin hatte sich auf die Entscheidungsschlacht gründlich vorbereitet: Die Polizei war besser auf- und ausgerüstet, der Inlandsgeheimdienst MI5 in Dauerbereitschaft versetzt, zeitgleich startete eine patriotische Pressekampagne nach dem Muster des Falklandkriegs, nur diesmal nach innen gerichtet. Die zunehmend militante Auseinandersetzung währte ein ganzes Jahr, und ihr Ausgang blieb lange ungewiss. Auf einem Kurzurlaub in der Schweiz wird Thatcher von Alpträumen geplagt, wie sie später ihren Memoiren anvertraute:

»Zuweilen glaubte ich am Ende eines Tages, ich müßte nur aus dem Fenster blicken, dann würde ich Bergleute aus Yorkshire durch die Schweizer Alpen marschieren sehen. Und weder die wunderbare Szenerie der Berglandschaft noch meine Lieblingslektüre – Thriller von Frederick Forsyth und John Le Carré – verschafften mir Ablenkung.«[48]

Im März 1985 brach die Streikfront zusammen. Auch das Nachhutgefecht des Druckerstreiks entschied die Lady für sich. Sie atmete hörbar auf: »Es war lebenswichtig, dass wir siegten.«[49] Thatcher beeilte sich, ihren Sieg politisch umzumünzen, die Privilegien zu schleifen, die die britischen *trade unions* bis dato genossen hatten. Von nun an war die automatische Mitgliedschaft passé, und die Beschäftigten mussten selbst entscheiden, ob sie Mitglied werden wollten oder nicht. Die seit je zum Radikalismus neigenden betrieblichen Vertrauensleute, die *shop stewards*, wurden an die Kette gelegt. Der Triumph war ebenso eindrücklich wie nachhaltig: »Die historische Niederlage und Erniedrigung der arbeitenden Klassen Großbritanniens ist (…) inzwischen das wichtigste Exportgut der Insel.«[50]

Die Zeit, ihr Werk zu vollenden, war gekommen. Eine raumgreifende Privatisierung erfasste jetzt auch Großbetriebe wie Jaguar, Land Rover, British Airways, British Gas, British Steel, etliche Unternehmen der Strom- und Wasserversorgung, das Bildungswesen. 1986 kam es dann zum »Big Bang« im Finanzsektor:

»Damals wurde ein Prozess der Deregulierung, der normalerweise Jahre oder sogar Jahrzehnte gedauert hätte, in einem einzigen Erlass zusammengefasst. Im Endeffekt bedeutete dies, dass (…) alle historischen Barrieren, Trennmechanismen und Regeln, die bis dahin für die verschiedenen Bereiche der Banken, des Finanzmarktes und der Börse gegolten hatten, mit einem Mal abgeschafft wurden.«[51]

Säkulare Schwächung der Gewerkschaften, Aufstieg und globaler Siegeszug des »finanzialisierten« Kapitalismus – das waren die Prunkstücke jenes Erbes, das Thatcher ihren Nachfolgern vermachte.

Vorderhand regierten weiter die Tories, John Major übernahm von Thatcher. Kein leichtes Amt. Ein zwischenzeitliches Umschalten von Nachfrage- auf Angebotspolitik bescherte der britischen Wirtschaft einige gute Jahre mit überdurchschnittlichen Wachstumsraten. Bald setzte Ernüchterung ein. Sinkende Unternehmenssteuern im Verein mit dem »Auskämmen« überflüssigen Personals, das nun vermehrt »auf Stütze« ging, strapazierten die Staatsfinanzen erneut. Abermalige Steuererhöhungen spülten Geld in die Kassen, konnten den Abschwung aber nicht verhindern. Das Wachstum, das 1988 noch bei über vier Prozent gelegen hatte, kam 1990 beinahe zum Erliegen und ging im Folgejahr sogar um drei Prozent zurück. Davon unbeirrt, trieb Majors Regierung die Privatisierung weiter voran, verscherbelte, was noch irgend zu verscherbeln war: das Telefonwesen, die Eisenbahn.

Doch auch mit der Abwahl der Tories änderte sich nichts. So wie einst die Konservativen sozialdemokratische Töne gepfiffen hatten, trällerte diesmal Labour die Melodie der neuen Zeit. *New Labour,* unter Tony Blair 1994 mit der Regierung betraut, hielt denselben Kurs: niedrige Steuern für Unternehmen, fortlaufende Verschiebung der Wertschöpfung von Industrie und Gewerbe hin zu Finanzdienstleistungen, Ausbau Londons zum Weltfinanzzentrum; allein in der City arbeiteten bald Hunderttausende Personen, die neuen »masters of the universe«, und richteten unsäglichen Schaden an. Während Blairs Amtszeit explodierten die Immobilienpreise, die fortlaufende Vermarktlichung öffentlicher Güter zementierte die Trennung der Wendegewinner vom Heer der Normalbürger. Der Anteil von Finanzgesellschaften, Versicherungen und Immobilienfirmen am gesamten Profitaufkommen erklomm während der 1980er-Jahre das Niveau des Industriesektors und übertraf es in den 1990ern. Das nochmals verschärfte Arbeitsrecht pries der Premier als das »restriktivste der westlichen Welt« und ergänzte: »Wir werden von den Gewerkschaften nicht erpresst werden (...), wir werden gegen Streiks Position beziehen, Gewerkschaften werden unter einer Labour-Regierung keine Begünstigungen erhalten.«[52]

Fazit des Historikers Franz-Josef Brüggemeier: »New Labour übernahm die (neo-)liberale kapitalistische Ordnung nicht mit einer defensiven, apologetischen Einstellung, sondern mit einem echten Gefühl von Stolz und Zufriedenheit.«[53]

Regierungswechsel, kein Politikwechsel, stattdessen Abwendung von der zunehmend migrantischen Arbeiterschaft und den einfachen Angestellten, Hinwendung zur solventen Mitte, marktbezogene Sozial- und Wirtschaftspolitik, so lief das es auch in Deutschland, als Schröder Kohl als Kanzler ablöste, in den Vereinigten Staaten, als Clinton auf Bush senior folgte und Obama auf dessen Sohn, oder in Frankreich, wo Mitterand in der Nachfolge von Giscard d'Estaing die in ihn gesetzten Hoffnungen der Linken nach ermutigendem Beginn bald bitter enttäuschte. Das Gefühl der Alternativlosigkeit breitete sich aus. Man hörte auf, daran zu glauben, dass noch einmal etwas geschehen würde, zügelte sein politisches Engagement und überließ sich dem Konsum. Gleichgültig, wer regierte, »lebte man in einer ›fortschrittlichen liberalen Gesellschaft‹. Nichts war mehr politisch oder sozial, alles nur noch modern oder nicht. Und modern wollte jeder sein. Die Leute verwechselten ›liberal‹ mit ›frei‹ und glaubten, dass eine Gesellschaft mit diesem Namen ihnen ein Maximum an Rechten und Produkten garantierte«.[54]

Dieser Eindruck bezieht sich auf die frühen 1980er-Jahre. Damals vollendete sich die konzeptionelle Schließung der offenen Gesellschaft. Die politischen Debatten verloren an Schärfe und Profil. Demokratie und Liberalismus gehörten zum Kapitalismus, mit dem sie unauflöslich verbunden waren, und schlossen den Sozialismus kategorisch aus. Auf die Epochenwende von 1989 wusste der Westen daher nur eine Antwort: Weiter so! Der Wein der neoliberalen Denkungsart in neue Schläuche!

EINE FRAGE DER PRÄFERENZEN

Thatcher gebührt das Patent auf die neoliberale Wende der offenen Gesellschaft. Während ihrer drei Amtszeiten errichtete sie aus bereits Vorgedachtem, im Ansatz schon Erprobtem, ein in sich schlüssiges Gebäude. »Den Kampf der Ideen gewinnen«, »den Vormarsch des Sozialismus stoppen«, das war ihr Ziel,[55] und dem kam sie näher als ihren Widersachern lieb sein konnte. Eine »Umwertung der Werte« im Galopp. Gesellschaft? Eine Schimäre! Real waren einzig Individuen und Familien. Vom Sozialstaat zurück zu viktorianischen Tugenden und einer »abschreckenden Sozialpolitik«, die mit »Schmarotzern« Schlitten fährt. Gemeinnütziger Wohnungsbau, unkündbare Mietverhältnisse – der größte Hemmschuh der Mobilität. Privatisierung öffentlicher Güter als Kern der Freiheit, das für jeden Passende aus Angeboten auszuwählen. Ein starker Staat? Durchaus, wo er am Platze ist, bei der Aufrechterhaltung der Ordnung, der Verbrechensbekämpfung. Weitere Staatsziele? Stabile Preise, niedrige Steuern, Vollbeschäftigung auf keinen Fall. Kapitalismus, so ins Werk gesetzt, wird zu einem »Riesenspaß«, den man sich von Doktrinären wie Keynes (»ein amoralisches Individuum«) nicht vermiesen lassen sollte.[56] Es gibt eine »Neigung zum Bösen in der menschlichen Natur!«, eine Disposition zum Laster, aber Laster bekämpft man mit Tugenden, nicht mit Wohltaten.[57] Machiavelli light. Der fand es noch ratsam, Menschen, die man gekränkt hatte, aus der Welt zu schaffen, damit sie sich nicht rächen können. Seine neoliberalen Wiedergänger erweisen sich als die besseren Psychologen und ziehen es vor, die Gekränkten moralisch zu beschämen, auf dass sie den Blick nach innen richten, auf ihr Versagen, ihre Mitschuld am Gekränktsein.

Mitunter formuliert ein einziger Satz die Quintessenz einer ganzen politischen Programmatik; dieser gehört dazu und eingerahmt: »Aber wann immer sich zwischen dem politisch und dem wirtschaftlich Gebotenen ein Widerspruch ergab, hatten stets die wirtschaftlichen Bedürfnisse *Vorrang*.«[58]

Warum ist das ein Schlüsselsatz? Weil er erlaubt, die Spezifik neoliberaler Politik zu *denken*. Das erfordert mehr, als eine Liste von Merkmalen zu erstellen. Derartige Auflistungen sind deshalb unzureichend, weil sie in aller Regel spezifische und unspezifische Charakteristika des neoliberalen Regimes zusammenwerfen. Eigentum und Markt und Recht und Freiheit – diese Litanei verbindet alt- und neoliberale Politik. So kommt man dem NEO nicht wirklich auf die Spur. Was 1979 in Gang kam, bedeutete keine schlichte Wiederauflage der politischen Praxis von 1834, die schon zur Sprache kam. Der Liberalismus unserer Tage setzt die Krise dieses Modells voraus, verarbeitet sie, erschließt gänzlich neue Ressourcen, um seine Herrschaft krisenfester, konsensfähiger auszugestalten. Zu proletarisierten Arbeitermassen, die rechtlos und ohne jeden Schutz den wirtschaftlichen Verwerfungen ausgeliefert sind, führt kein gangbarer Weg zurück, darüber sind sich auch Marktradikale im Klaren. Der Aufstieg des Neoliberalismus zur vorherrschenden politisch-ökonomischen Doktrin fiel in dieselbe Zeit wie der Beginn der dritten technisch-technologischen Revolution. Der Umstieg von fordistisch organisierten zu wissensbasierten Produktionsprozessen verlangte wohlgenährte, gesunde, gut ausgebildete Arbeitskräfte. Dieser Forderung konnte sich keine Nation, kein Staat entziehen, sofern sie mit dieser Entwicklung Schritt halten wollten, Deregulierung hin, Deregulierung her. Und niemand wird von der neoliberalen Propaganda mehr gehätschelt als die »kreative Klasse«, man lese diesbezüglich nur das gemeinsame Positionspapier von Tony Blair und Gerhard Schröder von 1999.

Nur muss man diese Kräfte auch freisetzen, Anreize schaffen, kreativ zu werden, initiativ, proaktiv (der Phrasen ist kein

Ende), und jene maßregeln, die sich dem verweigern. Dem Druck der ökonomischen Verhältnisse politisch eigens Nachdruck zu verleihen wurde zur Domäne des »aktivierenden Sozialstaats«. Die deutsch-französische Kreation aus den frühen 2000er-Jahren, die auf diesen Namen hörte, stimmte das Blair'sche Diktum vom »restriktivsten Sozialstaat der westlichen Welt« auf die jeweiligen nationalen Gegebenheiten ab: so viel Druck wie möglich, so viel Rücksicht auf lieb gewordene »Errungenschaften« wie noch eben nötig.

Wirtschaftlichen Bedürfnissen regelmäßig Vorrang vor dem politisch Gebotenen einräumen – man muss genau lesen, Wort für Wort, um die Bedeutung dieses Bekenntnisses für die Entschlüsselung des NEOs richtig zu erfassen. »Wirtschaftliche Bedürfnisse«, das sind für Thatcher und ihre Geistesverwandten die Bedürfnisse des »freien Marktes«, allen voran die der Kapitaleigner, der Investoren. Diese zu befriedigen ist oberstes Gebot der Politik, getreu dem neoklassischen Motto: Wenn es der Wirtschaft gut geht, dann geht es allen gut. In dieser Sichtweise gehen die Bedürfnisse der Arbeitnehmer, der Bürger, in den Bedürfnissen der Investoren gleichsam auf. Den »wohlverstandenen« Bedürfnissen, um genau zu sein. Was aber, wenn die Normalbürger partout nicht verstehen wollen, was auf längere Sicht gut für sie ist, wenn sie nicht bereit sind, die Opfer zu bringen, die für ihr Wohlergehen in der Zukunft unerlässlich sind? Wenn sie nicht warten wollen, bis es für alle reicht, Bedürfnisse anmelden, die ihr Leben im Hier und Jetzt betreffen? Solche gar, die über Lohnforderungen hinausgehen, den Staat in die Pflicht rufen, auskömmliche Bildung, Gesundheitsvorsorge, Wohnverhältnisse sicherzustellen, und zwar für alle?

Es kann durchaus geboten sein, diesen Forderungen Rechnung zu tragen. Aber im Fokus neoliberaler Politik stehen die Verwertungsinteressen der Investoren. Die geben den Ausschlag dafür, ob und in welchem Umfang die ökonomischen

Interessen der abhängig Beschäftigten und die außerökonomischen Bedürfnisse der Bürger zum Zuge kommen. Im Streitfall ergreift die Politik Partei für das wirtschaftlich und gegen das politisch »sonst« noch Gebotene, das heißt gegen das *Politische als solches*. Der klassische Liberalismus von Wilhelm von Humboldt bis John Stuart Mill setzte Staat und Politik voraus, trachtete danach, deren Einfluss zu *begrenzen*. Im Neoliberalismus von Friedrich von Hayek, Milton Friedman, und Wilhelm Röpke sind Staat und Politik das zum Markt »Hinzukommende« und werden von diesem überhaupt erst *begründet*. Dieses Begründungsdispositiv ist mit einer Ausdehnung der Staatstätigkeit sehr wohl vereinbar, allerdings unter der Voraussetzung, dass die staatlichen Eingriffe in das gesellschaftliche Leben die Marktgängigkeit der Subjekte sicherstellen. Wenn das geschieht, sind dem Staat keine Grenzen gesetzt, selbst Gewalt kommt in Betracht, um die Vorfahrt des Marktes zu garantieren. Anderenfalls mischt er sich unzulässig in die unveräußerlichen Rechte der Individuen ein. Die Offenheit offener Gesellschaften resultiert aus lauter ungeplanten, unplanbaren Entscheidungsprozessen vereinzelter Einzelner, die zu keinem Schluss gelangen.

Was diese Offenheit in neoliberaler Lesart auf den Punkt bringt ist das sich selbst organisierende und reproduzierende Marktgeschehen. Als hyperkomplexes Interaktionssystem produziert und verarbeitet der Markt sekündlich eine schier unüberschaubare Menge an Informationen, die jeder Marktakteur auf seine beschränkte Weise interpretiert. Alles ist stets im Fluss, Muster entstehen, lösen sich auf, bilden sich neu, so »wie ein Fischschwarm, ein Neuronenkomplex, eine Galaxie: ein sich unablässig anpassendes Ganzes, das der menschliche Verstand nie nachbilden konnte – und durfte«.[59] Die »Weisheit des Systems« ist dem Wissen der Akteure turmhoch überlegen und weist diesen die Rolle von Erfüllungsgehilfen zu, die in der Regel unbewusst auf Reize (Preise) reagieren, neue Reize setzen und, blind fürs große Ganze, Ordnung generieren, ein Fließgleichgewicht von Angebot und Nachfrage. Diese Prozesse von oben lenken zu wollen ist naturwidrig und vermessen, es ist Machbarkeitswahn und hat daher zu unterbleiben. Neoliberale Politik ist *Antipolitik*, deren vornehmster Zweck darin besteht, Politik als eigenständigen Faktor zu entmachten. Politiker in diesem Auftrag pflegen einen *oppositionellen Regierungsstil*[60] und regieren voll tiefen Misstrauens gegenüber den Möglichkeiten und Eingriffschancen, die staatliche Macht zur Verfügung stellt, d. h. letztlich gegen den Staat selbst. »Gute« Politik konzentriert sich auf die Schaffung eines Systems globaler Regeln, das die Nationalstaaten auf die Autonomie der Wirtschaft verpflichtet und den freien Handel im globalen Maßstab vor den Regierungen schützt.

Diese Pointe der neoliberalen Doktrin missfiel Popper. Er lehnte die Vergötzung des Marktsystems kategorisch ab. Als Mitgründer des einflussreichsten neoliberalen Netzwerks, der Mont Pèlerin Society, schlug er um der Meinungsvielfalt willen vor, auch Kritiker hinzuzuziehen, und stieß auf einhellige Ablehnung.[61] Dennoch leistete Poppers Feldzug gegen die »Anmaßungen des Wissens« und den »Aberglauben der Souveränität« der neoliberalen Offensive gegen den Eigensinn des Politischen philosophische Schützenhilfe. Individualistischer Humanismus und Ökonomismus »können« miteinander.

Über die Umsetzung des Entstaatlichungsprogramms entbrannte Streit im neoliberalen Lager. Die radikale Fraktion optierte für einen großen Sprung: Amputation ganzer Zweige des Sozialstaats, Abschaffung des öffentlichen Dienstes, zuzüglich einer »Ideenschlacht« zugunsten der neuen Lehre auf allen Kanälen. Die Weitsichtigeren versammelten sich unter dem Label »Mikropolitik«, wobei sie an Poppers »Sozialtechnologie der kleinen Schritte« anknüpften. Wer den Menschen etwas nimmt, muss ihnen etwas geben, das sie über den Verlust hinwegtröstet und ihr Verhalten zugleich und irreversibel in andere Bahnen lenkt – in die der je persönlichen Option für nunmehr marktförmige Angebote. Statt das gesamte Bildungs-, Gesundheits- und Versicherungswesen mit einer Rosskur zu reformieren, schuf man Einstiege in die Privatisierung dieser Systeme, Schnupperkurse gleichsam, offerierte Zusatzleistungen und Sonderprämien für die »effiziente« Inanspruchnahme von Leistungen. Als sinnvoll, weil konfliktdämpfend erwies sich die Unterscheidung zwischen Etablierten und Newcomern. Status und Ansprüche der Ersteren blieben gewahrt, Neulinge bat man von Anfang an zur Kasse, beschnitt ihre Rechte, hielt sie an zu unternehmerischer Umsicht; Extraleistungen gegen Wohlverhalten, Stichwort »Selbstoptimierung«. Derart nährte man Gruppenzwist und entpolitisierte die noch Privilegierten: Wozu sich über Ungerechtigkeiten den Kopf zerbrechen, wenn diese einen persönlich nicht betreffen. So kam der große Wandel in Gang, der die Individuen entsolidarisierte und in ihre ganz privaten Schachteln einsperrte. »Wenn der Neoliberalismus seine Siege errungen hat, dann weniger als Ideologie denn als politische Technologie«, resümiert der französische Philosoph Grégoire Chamayou seine Analyse dieser Entwicklung.[62]

Wie gesagt, Neoliberale regieren keine Armenhäuser und wollen das auch nicht. Sämtliche zivilisatorischen Errungenschaften des solidarischen, inklusiven Kapitalismus auszuradieren steht zudem nicht in ihrer Macht. Solcher Kahlschlag riefe einen gesellschaftlichen Protest hervor, dem sie nicht gewachsen wären. Das geschichtlich Neue besteht in der Abkehr vom Primat der Politik, von einer Politik, die sich dem *strategischen Ausgleich* großkollektiver Interessen verpflichtet sah. Die Interessen der ökonomisch Beherrschten werden nicht pauschal missachtet, sondern nunmehr und nur mehr *im Rahmen* der Interessen der ökonomisch Herrschenden berücksichtigt. Um es noch pointierter zu sagen, im Rückgriff auf ein Begriffspaar von Wolfgang Streeck: In der neoliberalen Ära sind die Interessen des jeweiligen »Staatsvolks« den Interessen des »Marktvolks« grundsätzlich untertan.[63]

Der Glaube an die Legende vom Markt als einer sozial entkernten »Welt der Signale«,[64] die vor politischem Störfeuer geschützt werden muss, durchzog auch das bereits erwähnte Thesenpapier von Blair und Schröder: »Wir müssen unsere Politik in einem neuen, auf den heutigen Stand gebrachten wirtschaftlichen Rahmen betreiben, innerhalb dessen der Staat die Wirtschaft nach Kräften fördert, sich aber nie als Ersatz für die Wirtschaft betrachtet. Die Steuerungsfunktion von Märkten muß durch die Politik ergänzt und verbessert, aber nicht behindert werden.«

»Der Weg nach vorne für Europas Sozialdemokraten« lautete die Überschrift dieser Kapitulationserklärung vor der bereits auf Anschlag laufenden neoliberalen Besiedlung offener Gesellschaften und ihrer ideologischen Gleichschaltung.

DIE BÜCHSE DER PANDORA

Planungsdefizite und Planungsmängel mit noch umfänglicherer, genauerer Planung zu beantworten – in diesem Paradigma gefangen, steuerte das politische System auf eine Grenzsituation zu. Jeder weitere Schritt in diese Richtung stellte die freie Verfügung über das Privateigentum infrage und riskierte die offene Auseinandersetzung mit den Eigentümern. Mit dieser Logik durch einen großen Sprung zu brechen, ohne Revolten auszulösen, war der Auftrag neoliberaler Regierungskunst. Wie aber versichert man sich der Loyalität der breiten Masse, deren vitale Interessen man verletzt, indem man sie als zweitrangig behandelt? Wie verhindert man, dass sie »böse« werden, Rachegelüste entwickeln? Wie hält man die Gesellschaft trotz allem weiter offen? Bei der Beantwortung dieser Fragen ging das neue Regime überaus erfinderisch, höchst kühn ans Werk; gleich mehrere der eingeschlagenen Wege führten in Neuland. Dabei wurden Energien und Begierden freigesetzt, die schwer zu kalkulieren waren und die zu einem guten Teil besser unter Verschluss geblieben wären. So geschah es in Großbritannien und bald darauf auch in den Vereinigten Staaten.[65]

Dort war Ronald Reagan 1981 ins Amt des Präsidenten gelangt und erhörte nur allzu gern die Stimmen derer, die zügig zu den Briten aufschließen wollten. Noch im selben Jahr startete die Deregulierung der Finanzmärkte. Erste Versuchsballons mit Immobilienkrediten ohne gründliche Solvenzprüfung der Kreditnehmer stiegen an der Wallstreet auf und machten Lust auf mehr. Diese Praxis weitete sich in den Folgejahren aus, der Big Bang aus London leitete die Initialzündung des *subprime lending* ein, des Verkaufs von Wertpapieren, die nun üblicherweise auf schlecht abgesicherten Hypotheken beruhten. Bill Clintons Hausbesitzer-Programm stimulierte die Märkte zusätzlich. 1993 erfolgte die Freigabe des World Wide Web für derartig bodenlose Finanztransaktionen. Der Deckel, der die Büchse der Pandora bislang verschlossen hatte, wurde ohne Bedenken abgerissen.[66]

Der Finanzkapitalismus, der in den 1980er-Jahren in die Spur kam, war keine einfache Neuauflage seines Vorläufers aus dem frühen 20. Jahrhundert. Seinerzeit kam das bei Großbanken konzentrierte Geld primär nicht-spekulativ, vielmehr als industrielles Kapital zum Einsatz, in Form von Anlageinvestitionen im Kontext der zweiten technisch-technologischen Revolution. Es handelte sich um Kapital zur Verfügung der Banken und zur Verwendung von Industriellen, langfristig angelegt, doch gut verzinst.[67] Im finanzialisierten Kapitalismus unserer Tage befindet sich das Geld in der Verfügung von Spekulanten, und so wird es auch verwendet. Man treibt Finanzgeschäfte vorzugsweise mit metaphysischen Produkten – mit Preisen, Preisbewegungen, mit Kursen, Indizes für alles Mögliche, für Immobilien, Rohstoffe, Grundnahrungsmittel, Versicherungen, Währungen, handelt mit Wertpapieren, die man selbst gar nicht besitzt, tätigt Leerverkäufe, *short sales*, und hegt hochfliegende, verwegene, vermessene Träume: die Marktgesetze selbst zu überlisten, den Zusammenhang von Risiko und Haftung spurlos aufzulösen.

1994 schien dieser Traum verwirklicht. In diesem Jahr fasste eine ebenso windige wie findige Gruppe von Finanzexperten bei J. P. Morgan während eines Betriebsausflugs die verrückte Idee, Investoren, Spekulanten mit einem Schlag vom Fluch der Haftung zu erlösen. Das Wunder, das sie vollbrachten, hörte auf den Namen »CDS«, *Credit Default Swaps*, Kreditausfallversicherungen. Diese Spielart der Derivate versprach größtmögliche Sicherheit beim Handel mit verbrieften Schulden und vergiftete dabei tatsächlich das globale Finanzsystem. Das neue Produkt beruhte auf einer wesentlich älteren Form von Tauschgeschäften, einfachen *Swaps*, die die wechselseitige Übertragung von Einkünften aus unterschiedlichen Vermögenswerten vermittelten.

Wie wäre es, sagten sich die J.-P.-Morgan-Leute, wenn irgendein A, der einem B einen Kredit gegeben hat, einen Geschäftspartner C fände, dem er monatlich eine Gebühr dafür zahlte, dass dieser sich verpflichtet, im Fall der Insolvenz von B dem A die fällige Summe samt Zinsen zu erstatten? Unter dieser Prämisse müsste sich A, jeder in der Position von A, weder den Kopf um die Vorgeschichte von Schuldnern noch um deren Zahlungsfähigkeit in drei, vier oder fünf Jahren zergrübeln. Allen Cs wiederum würde das Risiko, stellvertretend zur Kasse gebeten zu werden, durch zusätzliche Einkünfte versüßt. Könnten sie zudem auf den Werterhalt, besser noch auf die Wertsteigerung der hinter den Krediten stehenden Sachwerte bauen, wären sie ihrerseits aller Sorgen ledig.

Um selbst den kümmerlichsten Gedanken an das Verwegene dieses Streichs zu tilgen, bündelte man die Kredite im Vertrauen auf das Gesetz der großen Zahl, sodass gute Kredite für die möglicherweise schlechten mit gutsagten, und schnitt diese Bündel haargenau auf die Bedürfnisse der Kundschaft zu: milde Mischungen für die einen, für die anderen scharfe Kost. Um ihre Bilanzen unangreifbar und ihre Rückstellungsverpflichtungen so gering wie möglich zu gestalten, lagerten die großen Kreditgeber diesen Geschäftszweig in Briefkastenfirmen aus, die die neuen Produkte weltweit an Investoren verkauften, die sie ihrerseits weiterverkauften. Jeder verschuldete sich bei jedem, nahm so viel Kredit auf, wie er bekommen konnte, steckte das geborgte Geld in die abenteuerlichsten Unternehmungen und gab sein Gewissen bei Rechenkünstlern zur Aufbewahrung ab. Diese veranschlagten die Wahrscheinlichkeit eines 20-prozentigen Preisverfalls im riskantesten Sektor, den Verbriefungen für *Subprime*-Kredite, bei einem Wert nahe Null; Billionen von Jahren würden vergehen, ehe ein solcher Unglücksfall einträte. Man wettete, besoffen vor Glück, nicht allein auf dieses oder gegen jenes fiktive oder reale Gut, sondern verschwor sich gegen den Urteilsspruch der Zeit.

Der aufrichtige Wirtschaftsbürger, sein redliches Gebaren, was blieb davon, was von den systemischen Zwängen, die ihn dazu motivieren? Informierte der aus der Finanzialisierung hervorgegangene Markt die Marktteilnehmer angemessen über Schäden, die drohten, und Chancen, die winkten? Informierten Insider Außenstehende über Risiken der Investments, die sie ihnen schmackhaft machten? Sorgte irgendetwas, irgendwer für Transparenz in den Geldfabriken?

Deren ganze Organisationsweise bot dafür keine Gewähr. Die *Konstrukteure* der komplexen Finanzprodukte, Absolventen von Mathematik- und Physikfakultäten, »Quants« genannt, verstanden sich untereinander sowie mit ihresgleichen in anderen Firmen blind und reizten ihre Spezialkenntnisse bis hart an die Grenze krimineller Machenschaften aus. Sie an deren Überschreitung zu hindern, standen Revisoren aus dem Bereich Risikomanagement und Compliance bereit. Schlecht angesehen, als *deal killers* verschrien, fehlte es ihnen oftmals schlicht an der Kompetenz, um beurteilen zu können, wie risikobehaftet bestimmte Entwicklungen waren, und das galt erst recht für die Verkäufer der giftigen Produkte. Zwischen Konstrukteuren, Revisoren und Händlern herrschte zudem permanente Missgunst, eine Atmosphäre der Einschüchterung und Angst. Degradierungen bei sinkender Performance jederzeit vor Augen (im Jargon als »Schlachtungen«, »Hinrichtungen«, »Erschießungen« bezeichnet), versuchte jeder, sich abzusichern und die Schuld für etwaige Verluste durch Privatkopien sämtlicher Vorgänge von sich zu weisen.

Um die Objektivierung der Risiken von außen stand es nicht besser. Die Rating-Agenturen sowie die maßgeblichen Wirtschaftsprüfgesellschaften profitierten von den Banken, die sie inspizierten und bewerteten; entsprechend positiv fielen Gutachten wie Ratings aus. Auch musste niemand befürchten, potenzielle Anleger an »seriöse« Wettbewerber zu verlieren. Die Konkurrenz verfuhr mit den Einlagen der Kundschaft auf dieselbe, sorglose Weise wie das eigene Unternehmen. Nach außen hin galt radikal die Devise, die im Inneren der Finanzkomplexe handlungsleitend war: *Another One Bites the Dust*; die Risiken baden andere aus. Die Nicht-Kommunikation von Risiken wurde zum Ehrenpunkt der Branche. Mehr als das. Oft genug stieß eine Geldfabrik im selben Moment just jene Papiere ab, die sie Anlegern eben noch aufgedrängt hatte, oder wettete sogar dagegen. Die Flüchtigkeit der Kontakte, die Verkürzung der Haltefristen von Wertpapieren, trieb das Spekulationsvolumen in immer höhere Höhen, potenzierte die Risiken durch deren systematische Verschleierung und führte das globale Finanzsystem an den Abgrund.

Forcierte Intransparenz des (finanz-)ökonomischen Tragwerks offener Gesellschaften mit eingebautem Einsturzmechanismus – ihre Freunde waren da nicht am Werk. Seine Projektanten setzten die Ersparnisse, die Investments ganz normaler Bürger, wissentlich aufs Spiel. Gerettet wurden die institutionellen Spekulanten mit Steuergeldern und durch die Enteignung von Millionen von Normalos, deren Bankguthaben hinfort zinslos blieben. Hunderttausende, die ihre Kredite nicht bedienen konnten, verloren ihre Bleibe. Wer in der Welt nicht mehr zuhause ist, nimmt nicht mehr an ihr teil; nach innen ausgebürgert, bleibt nichts, worauf er bauen, vertrauen, wofür er sich begeistern und engagieren könnte. Der derart nach Strich und Faden Ausgenommene merkt sich das, der kommt darauf zurück und rächt sich eines Tages. Keine neoliberale Gehirnwäsche wird ihn je davon überzeugen, dass ihm Recht geschehen ist. Das kann nur glauben, wer an die Allmacht der Verführer glaubt. Der Körper, die Eingeweide wissen es besser. Der Weg der Erkenntnis von dort nach oben, zum Kopf, ist manchmal lang, kurz dagegen, leider, der Rückweg zur neuerlichen Verpuppung des schon Erkannten unter Anleitung geschulter Demagogen.

Die Hauptverursacher der Krise wickelten sie gleich selbst ab, verwerteten sie sogar. Um die Schäden zu beziffern, Ratings neu zu justieren, Stresstests für Banken zu entwickeln und durchzuführen, wurden Finanzinstitute beauftragt und honoriert. Manche, wie BlackRock, wuchsen damals erst zu ihrer heutigen Größe. Im Verein mit den Regierenden wälzten sie, damit nicht genug, ihre Schulden auf die Staaten ab, die so zu Bürgen der Hasardeure wurden. Nun hieß es sparen, sparen und nochmals sparen und verhökern, was sich noch als Eigentum in Staatsbesitz befand. Dass die Gefährder aus dem von ihnen angerichteten Desaster frei von Schulden, frei von Haftung, weit überwiegend frei von festgestellter Schuld hervorgingen, zeigt das ganze Dilemma politischer Macht im Klammergriff neoliberaler Machtkomplexe.[68]

Regierende, die die großen Anleger hofieren, versprechen sich davon eine politische Dividende, und liegen mit dieser Erwartung nicht ganz falsch. Eine marktkonforme Steuer-, Abgaben- und Sozialpolitik sowie deregulierte Märkte erfreuen die einheimischen Investoren und locken auswärtige ins Land. Dort zahlen sie, jeder für sich genommen, weniger in öffentliche Kassen ein als zuvor bzw. anderenorts. Die Masse der Zahler gleicht das aus, überbietet die vormaligen Einnahmen, wovon dann auch die jeweilige Bevölkerung profitiert, so geht die Rechnung. Andere Regierungen rechnen ebenso, geringerer Abfluss, stärkerer Zufluss von Kapital durch noch größeres Entgegenkommen, was wieder andere zu denselben Methoden greifen lässt. Wenn jeder einmal an der Reihe war, geht es von vorne los. Die Dividende fällt dem »Marktvolk« zu, je länger der Unterbietungswettlauf währt, desto höher die Ausschüttung. Die Regierenden jedoch verlieren, worauf sie spekulierten – größeren Handlungsspielraum –, und dem »Staatsvolk« schwimmen die Extrafelle nach kurzer Ansicht wieder davon. Die Fonds, aus denen offene Gesellschaften ihr Dasein bestreiten, schrumpfen, deren Rückbildung zu bürgerlichen Gesellschaften, die die Macht ausschließlich in die Hände der Eigentümer legen, beschleunigt sich.

Seit Mitte der 1980er-Jahre sank der Durchschnittssteuersatz der für Kapitalgesellschaften anfallenden Körperschaftssteuer im globalen Maßstab um mehr als die Hälfte. Setzt sich dieser Trend fort, wird er noch vor Mitte des 21. Jahrhunderts bei null Prozent liegen. Der Traum neoliberaler Ökonomen, das Kapital gänzlich von Steuern zu befreien, käme seiner Verwirklichung ein großes Stück näher.[69]

In allen Gesellschaften, die auf kapitalistischer Warenproduktion beruhen, dominiert der Wert den Gebrauchswert mit dem Mehrwert als Zweck. Solange das Mittel unentbehrlich ist, um diesen Zweck zu verwirklichen, schließt das Kapital einen Bund mit dem Fortschritt der Menschheit. Allein dieses Bündnisses wegen waren seine größten Kritiker zugleich seine größten Bewunderer, und sie sparten nicht mit Lob:

»Die Bourgeoisie hat in der Geschichte eine höchst revolutionäre Rolle gespielt. (…) Erst sie hat bewiesen, was die Tätigkeit der Menschen zustande bringen kann. Sie hat ganz andere Wunderwerke vollbracht als ägyptische Pyramiden, römische Wasserleitungen und gotische Kathedralen, sie hat ganz andere Züge ausgeführt als Völkerwanderungen und Kreuzzüge (…). Die fortwährende Umwälzung der Produktion, die ununterbrochene Erschütterung aller gesellschaftlichen Zustände, die ewige Unsicherheit und Bewegung zeichnet die Bourgeoisepoche vor allen anderen aus (…). An die Stelle der lokalen und nationalen Selbstgenügsamkeit tritt ein allseitiger Verkehr, eine allseitige Abhängigkeit der Nationen voneinander. Und wie in der materiellen, so auch in der geistigen Produktion. Die geistigen Erzeugnisse der einzelnen Nationen werden Gemeingut (…). Die Bourgeoisie hat in ihrer kaum hundertjährigen Klassenherrschaft massenhaftere und kolossalere Produktionskräfte geschaffen als alle vergangenen Generationen zusammen. Unterjochung der Naturkräfte, Maschinerie, Anwendung der Chemie auf Industrie und Ackerbau, Dampfschifffahrt, Eisenbahnen, elektrische Telegraphen, Urbarmachung ganzer Weltteile, Schiffbarmachung der Flüsse, ganze aus dem Boden hervorgestampfte

Bevölkerungen – welches frühere Jahrhundert ahnte, dass solche Produktionskräfte im Schoß der gesellschaftlichen Arbeit schlummerten.«[70]

Die Masse der vom Kapital verwerteten Individuen fand an diesem Fortschritt einigen Gefallen erst, als sie von ihrer Arbeit einträglich leben und wachsende Anteile des von ihnen geschaffenen Reichtums für sich verbuchen konnte. Vorzeigbarer Wohlstand, Herausbildung eines an Erwerbsarbeit gebundenen Sozialeigentums, Loyalität zum Unternehmen, Zustimmung zum »System« – für einige Dezennien schloss sich dieser Kreis. Die Wertschöpfung beugte sich der unumstößlichen Tatsache, dass die völlige Abkopplung des abstrakten Bereicherungsstrebens von konkreten menschlichen Zwecken und Bedürfnissen den Kapitalismus aushöhlt.

Die spekulative Wende der Kapitalverwertung, die Flucht aus dem gegenständlichen in den nebulösen Reichtum in großem Maßstab wirken als Agenzien dieser Aushöhlung. Was dem Kapitalismus auf diesem Weg abhandenkommt, je entschlossener er darauf einschwenkt, desto mehr, ist seine Fortschrittsfähigkeit, seine zivilisatorische Funktion. Indem er seine selbstsüchtige, gefräßige, zerstörerische Seite hervorkehrt, sich aus einem »Kapitalismus zum Anfassen« in ein Phantom verwandelt, das ganze Landstriche, Seen, Wälder, Innenstädte aufkauft und entvölkert, treibt er tagtäglich Raubbau an den natürlichen wie sozialen Ressourcen offener Gesellschaften, verengt er deren Räume. Was infolge dieses unerhörten Missverhältnisses zwischen weiter anschwellendem virtuellem Kapital und produktivem Investment in den Fokus der Debatten rückt, ist der Gebrauchswert des Kapitalismus selbst.

MONETÄRER PANOPTISMUS

Die Liberalen alter Schule entrechteten die Habenichtse, drangsalierten sie und steckten die Bedürftigsten unter ihnen ins Arbeitshaus. Wie plump, wie einfallslos! Ihre Nachfahren, clevere Ingenieure der menschlichen Seele, pflegen einen ganz anderen Umgang mit dem »Volk«. Sie kitzeln sein Begehren, statt es abzutöten, schröpfen es im Einklang mit seinen Leidenschaften. Dieser libidinöse Kapitalismus, der den *Homo oeconomicus* mit dem »ganzen Menschen« verkuppelt, spielt seine Reize gekonnt gegen das Wertschöpfungsmodell seines biederen Vorgängers aus.

Für eine umfassende Auffrischung, Verjüngung der Antriebskräfte des Arbeitsvolks sprachen harte Fakten.[71] Die beiden Ölkrisen von 1973 und 1979 stürzten die Industrieländer in schwere Rezessionen. Das Wachstum brach ein, Arbeitslosigkeit und Sozialkosten schnellten in die Höhe. Auf dem herkömmlichen Entwicklungspfad stand eine durchgreifende Erholung nicht zu erwarten. Fossile Energien, Treiber der allgemeinen Wohlfahrt, schienen erschöpflich, langfristig steigende Preise unvermeidlich. Die Produktionsweise, selbst mit Fließbandfertigung und ins Extrem getriebener Arbeitsteilung, rang schon länger mit Motivationsproblemen. Ihre Skaleneffekte waren ebenso ausgereizt wie die Leistungsbereitschaft der Belegschaften. Gefragt war mehr Selbstständigkeit der Arbeitnehmer, mehr Eigenverantwortung und sachlich attraktivere Beschäftigung. In der japanischen Autoindustrie, bei Toyota, trug man dieser Forderung erstmals Rechnung, ging zur Gruppenarbeit über, flexibilisierte die Herstellungsprozesse und vervielfältigte die Produktpalette. Größere Freiheit *in* der Arbeit – das milderte den autoritären Charakter der Lohnarbeit, ohne ihn aufzuheben.

Mit dem Wachstum haperte es nach wie vor, die jährlichen Zugewinne blieben deutlich unter den alten Margen. Massenproduktion, kräftig steigende Reallöhne, Massenkonsumtion, sprudelnde Steuereinnahmen, umfassende Schutzrechte, betriebliche Mitbestimmung, all das griff nicht mehr nahtlos ineinander. Das gesamte Regulationssystem mit seinen technologischen, wirtschaftlichen und sozialen Komponenten gehörte auf den Prüfstand. Ganz oben auf der postfordistischen Agenda stand eine Offensive zur Senkung der Lohn- und Lohnnebenkosten sowie zur Entkopplung von Lohn- und Produktivitätsentwicklung.

Die Trendwende folgte Mitte der 1970er-Jahre. Die Lohnsteigerungsrate fiel im Mittel unter die Rate der Produktionssteigerung, wenn auch nur leicht, am spürbarsten in Großbritannien und den USA. Es dauerte dann noch bis in die 1980er-Jahre, ehe sich diese Tendenz für Jahrzehnte verstetigen sollte. Ab jetzt stiegen die Unternehmenseinkommen deutlich schneller und die Löhne langsamer als die Produktivität. Spätestens in den 2000er-Jahren war die Trendwende geschafft. Die Gewinne der Investoren hoben jetzt völlig ab und verloren jeden Bezug zur Produktivität, wogegen die Arbeitnehmeranteile real stagnierten, zeitweise sogar sanken, und von der Produktivitätsentwicklung immer spürbarer nach unten abwichen.

Die Entwicklung der Sozialtransfers folgte derselben Linie: Anstieg parallel zum Produktivitätsgewinn bis in die Mitte der 1970er-Jahre, dann Abkopplung, geringerer Aufwuchs auch am jährlichen Plus des Bruttoinlandsprodukts gemessen.[72]

Die Ära des Finanzmarktkapitalismus vollendete die Demontage des Teilhabekapitalismus: Definitive Preisgabe der produktivitätsorientierten Lohnentwicklung, Rückbau der Sozialtransfers, Funktionswechsel der Finanzpolitik zu Lasten der produktiven Sphäre und zu Gunsten der Anleger.

Wir haben es hier mit dem kompletten Bruch einer historischen Verlaufskurve zu tun. Der Status von Personen ohne

Eigentum wird neuerlich verwundbar. Es herrscht wieder Platzmangel an auskömmlichen Positionen in der Sozialstruktur. Die soziale Frage, die im Glauben an einen unbegrenzten Fortschritt aufgelöst schien, kehrt auf die Tagesordnung zurück. Und die Politik, die all das beförderte, dreht sich im Kreis des Immerselben. Die Beschränkung der Arbeitnehmereinkommen auf ein Niveau unterhalb der Produktivität blockiert die Rückkopplung von Massenproduktion an Massenkonsumtion, schwächt langfristig Produktivität und Wachstum, was im herrschenden Paradigma wiederum erst recht zu Rufen nach »moderaten« Lohnabschlüssen führt etc.

Nur gelangt man allein auf diesem Weg nicht ins Freie ungehemmter kapitalistischer Reichtumsproduktion. Um die Partie der einstigen Sozialpartner zum dauerhaften Endspielvorteil der Eigentümer zu entscheiden, bedurfte es eines Schachzugs, der die gesamte bisherige Spielanordnung über den Haufen warf; neoliberale Politik *at its best*.

Den Königszug vollführte Margaret Thatcher, als sie Millionen ganz normaler Bürger zu Eigentümern ihrer Häuser machte und auch ansonsten dazu einlud, auf Pump zu finanzieren, was ihre Einkommen nicht länger hergaben. Der Bauer verwandelte sich in eine Dame und mischte im Konzert der Großfiguren mit. Auf seine Weise, schulden- und also schuldbeladen. Die Dame lief auf Kredit, rot markiert, und konnte jederzeit aus dem Spiel genommen werden, wenn der Schuldendienst stockte. Dann war der Rücktausch in den Bauern fällig, und der saß in der Falle und kam nicht mehr vom Fleck.

Das um jeden, wirklich jeden Preis zu vermeiden, darum sorgte sich der Schuldner bei Tag und bei Nacht. Er hatte seine Zukunft beliehen und war nun gehalten, für sich, für seine ökonomischen Verhältnisse von morgen, gutsagen zu müssen. Wer sich derart etwas leistet, was ihm (noch) nicht gehört, kann sich in der jeweiligen Gegenwart nur sehr wenig leisten, am allerwenigsten irgendwelche »Frechheiten«, die ihn den Job kosten könnten.[73] Hochriskant wurde das Ganze für Normalverdiener, für die »schmächtigen Windhunde«, wie Nietzsche sie abschätzig nannte, »welche versprechen, ohne es zu dürfen«. Die Gegenwart im Klammergriff ungewisser Zukunft, auch wenn keiner hinter einem steht und zuschaut; das Gefühl, immer gesehen zu werden, will nicht weichen. Diese Erfahrung ist körperlich. Sie sitzt im Gedärm, durchquert den Schlaf, martert den Verstand.

Jeremy Benthams »Panopticon«, aus dessen Architektur Foucault eine neue Machttechnik herauslas, erlebte eine Wiedergeburt. Gefängniszellen, die von einem Rundbau in der Mitte abzweigen, von diesem aus einsehbar, verwandelten die Insassen in Schauspieler, jederzeit gewärtig, auf dem »Schirm« zu sein und dementsprechend rund um die Uhr um »gute Führung« bemüht. Der Schirm des Kleineigentümers auf Pump steht als Rechner bei der Bank, ein Klick genügt und die Schuldnerkarriere ploppt auf. Unversehens rückt man in die Zone der Sichtbarkeit, noch im hintersten Winkel seiner Wohnung, und weiß um diesen Tatbestand. *Monetärer Panoptismus,* der seine Mitspieler je nach Führung entweder an der langen Leine laufen oder aber zappeln lässt: So beweglich, so präzise bis auf die letzte Kommastelle, so nah am Einzelfall operiert die Disziplinargesellschaft unserer Tage. »Die Schulden sind mit der Disziplinierung des Lebens verbunden und einem Lebensstil, der eine Arbeit am ›Selbst‹ impliziert, eine permanente Verhandlung mit dem Ich-selbst, eine Produktion einer spezifischen Subjektivität: die des verschuldeten Menschen.«[74]

Freedom's just another word for nothing left to lose. Eigentum macht Sorgen.

Und diese Sorgen befrieden Klassenkämpfe wirksamer als jede staatliche Machtdemonstration. Organisationsgrad und Kampfeswille der Arbeiterschaft sanken denn auch zur selben Zeit und im selben Tempo, in dem die Verschuldung der Privatpersonen neue Rekorde feierte. Ökonomisch zurechtgestutzt und politisch doch loyal, treffliche Leute, die ihre erste Bürgerpflicht, zu konsumieren, pünktlicher denn je zuvor erfüllten.

In jüngster Zeit gelingt ihnen das wieder verstärkt aus Eigenmitteln. Die demografisch bedingte Verknappung des Arbeitsangebots stärkte die Verhandlungsposition der Arbeitnehmer, führte ihre Einkünfte nach Jahren der Stagnation wieder aufwärts. Von diesem Trend profitierten infolge der stetig steigenden Studienquote vor allem Arbeitnehmer in der gewerblichen Wirtschaft, im Handwerk, in Pflegeberufen. Hier ist das Angebot besonders rar, die Nachfrage hoch, hier streiten sich die Arbeitsherren um das »Humankapital«.

Wer dabei tatsächlich gewinnt, wer nur zum Schein, darüber entscheiden heute in erster Linie Wohnweise und Wohnort. In Ballungsräumen und deren Peripherie löst sich der Zugewinn für Mieter im Handumdrehen auf. In Berlin verdoppelte sich die Durchschnittsmiete während der letzten zehn Jahre; andere Metropolen verzeichnen denselben stürmischen Auftrieb. Man muss schon ziemlich abgebrüht sein, um die Ausgaben für das Wohnen unter Konsumentscheidungen zu verbuchen und von dort auf die »ungebrochene Kauflaune« der Bevölkerung zu schließen.

WER NICHT ARBEITET,
SOLL AUCH NICHT TANZEN

»Unsere Lebensstile sind hoch individualisiert. Neben dem normalen Nine-to-five-Job gibt es jede denkbare Form von Teilzeitarbeit, es gibt Firmengründer, Kulturarbeiter und Crowdworker – inklusive prekärer sozialer Absicherung. Es gibt alle möglichen Formen von familiärem Zusammenleben. Die Digitalisierung verstärkt diese Individualisierung noch. (…) Und all diese verschiedenen Lebensformen stehen nicht mehr für etwas anderes, sondern nur noch für sich selbst. Die alten Werte wie Familie, Arbeit, Heimat, Glück werden ausgehöhlt und passen nicht mehr zur Dynamik und Individualität unserer Gegenwart.«[75]

»Individualität unserer Gegenwart« – was soll das heißen? Da pausierte das Denken offenkundig. Davon abgesehen, beschreibt der Autor einen Grundzug jener Gesellschaften, die Popper »abstrakte« nannte: Sozialverbände, in denen der Individualismus dem Solidarismus den Rang abläuft. »Hoch individualisiert« meint, begrifflich gefasst, einen starken Pendelausschlag der Ich-Wir-Balance zur Ich-Seite hin. Die Last der Verantwortung für das je eigene Geschick verlagert sich auf die Schultern der Einzelnen. Geht dieser Prozess zu weit, spricht man von »Überindividualisierung«. Dann lockern sich die sozialen Bande über Gebühr, die Individuen sind bei der Gestaltung ihres Lebens weitgehend auf sich gestellt, die eigenen Sorgen drängen die der anderen in den Hintergrund. Bei extremer Ausprägung dieser Fehlstellung handelte jeder »nur noch für sich«. Aber das ist, wie schon erwähnt, praktisch unmöglich, eine idealtypische Grenzbestimmung.

»Unsere Lebensstile sind hoch individualisiert«. *Unsere*«? Gilt das tatsächlich für alle Individuen? Für alle gleichermaßen? Die Formulierung legt die falsche Fährte. Mit den Individualisierungszumutungen zurecht zu kommen verlangt eindeutig mehr als nur Willensbereitschaft. Um eine Ich-lastige Ich-Wir-Balance leben zu können, muss man über die dafür unentbehrlichen Ressourcen ökonomischer, kultureller und sozialer Art verfügen. Die auf neoliberale Weise offenen Gesellschaften sind gerade diesbezüglich *gespaltene* Gesellschaften. Der Erwerb von Ressourcen sowie deren Weitergabe in der Generationenfolge tragen einen unverkennbaren Klassen- und Schichtenindex. Das wissen die komfortabel Ausgestatteten nur allzu gut, und deshalb denken sie nicht im Traum daran, »die alten Werte wie Familie« über den Haufen zu werfen. In Gesellschaften wie der deutschen entscheidet die Herkunft eines Menschen in erschreckend hohem Ausmaß über dessen Zukunft. Die familiäre Mitgift in sich aufzusaugen, um sie sodann seines »hoch individualisierten« Selbstbildes zuliebe zu vergessen – schließlich ist jeder selbst seines Glückes Schmied –, gehört zu den zahlreichen geistigen Ausfallserscheinungen der privilegierten Stände.

Auch die Unterprivilegierten wissen die »alten Werte« zu schätzen, gerade sie, durchaus nicht nur aus freien Stücken. Sie würden gern auf eigenen Beinen stehen, aber die Verhältnisse, die sind nicht so. Ressourcenschwächer als die Bewohner der Komfortzone können sie der Hilfestellung der unpersönlichen Gemeinschaft nicht entraten. Wird diese brüchig, auch weil die »Glücksritter« sich aus ihren Verpflichtungen zurückziehen, bleibt ihnen als letzter Rettungsanker nur mehr die echte Nächstenliebe: Familie, Freunde, gute Bekannte, karitative Einrichtungen, zuzüglich informeller Kreise des Gebens und Nehmens. »Wie altmodisch«, mag da mancher von weiter oben rufen, ohne die Niedertracht seiner Floskel zu bemerken. Die »Dynamik unserer Gegenwart«, die Praktiken der sozial entblößenden Individualisierung, bekräftigen diese Werte.

Gesellschaftliche Zumutungen und persönliche Ressourcen, die außer Verhältnis geraten: Millionen von Menschen auch hierzulande befinden sich in dieser heiklen Lage, hängen darin fest; Aus- und Aufstiege bilden die Ausnahme von der Regel. In Bezug auf ihre alltägliche Lebensweise sind sie weder »hoch individualisiert« noch »überindividualisiert«, das am wenigsten, sondern *unter*individualisiert, weil außerstande, ihr Dasein allein aus persönlichen »Bordmitteln« zu bestreiten.

Jeder weitere Rückzug des Staates aus der kollektiven Daseinsvorsorge bei gleichzeitiger Privatisierung öffentlicher Güter verschärft das Problem dieser Sorgenkinder der neoliberal-offenen Gesellschaft, mit denen kein Staat und kein lohnendes Geschäft zu machen ist. Also hilft man ihnen auf die Sprünge, und zwar mittels *Staffelübergabe der entblößenden an die disziplinierende Individualisierung*. Diese zeigt hier ihr zweites Gesicht, ein abweisendes, unduldsames; Fördern durch Fordern, Überwachen und Strafen inklusive.

»Keine Gewalt!« war das Erfolgsgeheimnis des 89er-Aufbruchs: Die Entthronung der Herrschenden vollzog sich weithin friedlich und sanft, nur in Rumänien floss Blut. Der Rechtsstaat, der den Willkürstaat ablöste, kaserniert die physische Gewalt und hält sie in Reserve. Bedeutet das den gänzlichen Verzicht auf Gewalt im Alltagsmodus des Regierens?

»Der Staat ist die Instanz, der es gelingt, ihre gewaltsamen Handlungen als nicht gewaltsam auszugeben«, lautet ein starker, bedenkenswerter Satz des französischen Philosophen Geoffroy de Lagasnerie.[76] Er hat dabei das System der Gerichtsbarkeit im Auge, den Apparat des Strafrechts. Der unterwirft Rechtsbrüche einer individualisierenden Erzählung, die die Gesellschaft entlastet, die Ursachen für das Vergehen primär im Individuum sucht. Aber operiert der neoliberal reformierte Sozialstaat nicht ebenso? Ist er tatsächlich noch immer der Hort einer soziologischen Weltwahrnehmung, wie der Autor meint?

»Die Idee des Wohlfahrtsstaats beruht auf der Annullierung der Problematik des Individuums und folglich auch der individuellen Verantwortung im Namen einer Sozialisierung, einer Objektivierung und Kollektivierung der Probleme:

Was in der Welt in einem bestimmten Augenblick geschieht, ist nicht die Tat eines Individuums, sondern die Aktualisierung einer kollektiven Kraft an einem bestimmten Ort, einer Tendenz, eines Risikos, die mit den sozialen und materiellen Strukturen verknüpft sind, in die wir alle eingetaucht sind, insofern wir in Gesellschaft leben.«[77]

Das scheint mir irrig. Die Entwicklung seit den 1970er-Jahren spricht gegen diese Interpretation – auf beiden Feldern der Staatstätigkeit. Seither ist dem strafenden Staat soziologisches Denken nicht mehr gänzlich fremd. Die Zurechnung von Schuld und Versagen wägt persönliche und überpersönliche Gründe gegeneinander ab, lässt in den Augen Geschädigter oftmals zu viel Verständnis für Tatmotive walten, die in der Sozialisation eines Angeklagten begründet sind. Im Gegenzug *individualisierte* sich die Praxis des Sozialstaats. Derweil beugen sich seine Agenturen und Akteure tief hinunter zu den Individuen, um deren wirklichen Lebensverhältnissen, insbesondere deren Tricks, sie zu verschleiern, auf die Spur zu kommen. Man schaut in die Schränke, schlägt die Bettdecken hoch: Wer lebt mit wem in welchem Verhältnis, zu welchen Konditionen, wer bunkert heimlich Schätze, die erst noch zu versilbern wären, bevor das Amt einspringt und Rechnungen begleicht? Der »abschreckende Sozialstaat« rechnet systematisch mit der Bosheit, der Verstocktheit seiner »Kunden«, mit denen er Verträge schließt, die auf ihre »Wiedereingliederung« in die Gesellschaft zielen, will sagen: in den ersten Arbeitsmarkt. Er aktiviert die Menschen, indem er sie gezielt verarmt. Wer nicht arbeitet oder von seinem Arbeitseinkommen allein nicht leben kann, soll auch nicht tanzen, das ist die Devise.

»Nicht alles ist vertraglich am Vertrag«, ein soziologischer Gemeinplatz seit Durkheim, der den Arbeiter als Bürger begriff, mit Ansprüchen auf soziale Garantien und auf einen gesicherten Status. Das war früher, dann kam der Rückschlag, vom Status zurück zum Vertrag, marsch! marsch!, mochte das

Kräfteverhältnis der beiden vertragsschließenden Seiten noch so unausgewogen sein. Der umgemodelte Sozialstaat nimmt abermals persönlich, was Jahrzehnte kollektiv gedacht war, fährt unnachsichtig auf Sünder nieder, mitten unter uns. Bei schlechter Führung drohen Sanktionen, im Wiederholungsfall die komplette Streichung der Bezüge, Ausbürgerung nach innen aus der offenen Gesellschaft, ohne Handschellen, nach Recht und Gesetz. Unter dieser Drohung gestaltet sich das Leben als prekär Beschäftigter, zumal als Arbeitsloser wieder ausgesprochen frostig, und man kann hier mit dem Soziologen und Historiker Robert Castel ebenso treffend wie unterkühlt von einer »Entwicklung zum Schlechteren« sprechen.[78]

An dieser Stelle drängt sich Michel Foucaults Unterscheidung von aufsteigender und absteigender Individualisierung geradezu auf. Name, Stammbaum, Verzeichnis der Heldentaten, Nachrufe, Denkmäler – so markiert man Individuen auf den oberen Etagen der Gesellschaft, je höher sie stehen, desto überschwänglicher die Auszeichnung; eine einzige Feier der Macht. Mit denen im gesellschaftlichen Unterbau verfährt man auf gegenteilige Weise:

»In einem Disziplinarregime ist die Individualisierung ›absteigend‹ : je anonymer und funktioneller die Macht wird, um so mehr werden die dieser Macht Unterworfenen individualisiert: und zwar weniger durch Zeremonien als durch Überwachungen; weniger durch Erinnerungsberichte als durch Beobachtungen; nicht durch Genealogien, die auf Ahnen verweisen, sondern durch vergleichende Messungen, die sich auf die ›Norm‹ beziehen; weniger durch außerordentliche Taten als durch ›Abstände‹ (...). Alle Psychologien, -graphien, -metrien, -analysen, -hygienen, -techniken und -therapien gehen von dieser historischen Wende der Individualisierungsprozesse aus.«[79]

Ist die neoliberal geöffnete Gesellschaft eine Disziplinargesellschaft? Das kann nur in Abrede stellen, wer »hoch individualisiert nur noch für sich selber steht« und damit glänzend fährt.

KOLLEKTIVER INDIVIDUALISMUS:
ABSCHIED VON DER ARBEITERKLASSE?

Vielleicht geht es anderen Kritikern des Neoliberalismus ähnlich wir mir: Wann immer ich mich diesem Machttyp zuwende, verspüre ich Abwehrreflexe, die wachsendem Erstaunen, selbst einer gewissen Bewunderung weichen, sobald ich mich mehr in diesen Gegenstand vertiefe. Kaum je gehorchten die Mittel reibungsloser ihrem Zweck, dem eines *ökonomischen* Machtgebrauchs in diesem Fall, und das in der ganzen Bedeutungsfülle dieses Schlüsselwortes: sparsam, effektiv, profitabel, indirekt, Vorrang von Anreizen vor Verboten. Das Arsenal dieser Mittel scheint schier unerschöpflich.

Gesellschaftliche Sortierprozesse – auf dass schwer zusammenfindet, was zusammengehört – bilden die Spitze der Angriffsformation. Die systematische, bei Bedarf handgemeine Schwächung von Organisationen der Arbeiterschaft, begleitet von einer Schockwelle der Privatisierung, bereitete den Boden für die Pflugscharen des neoliberalen Unternehmertums. Die Arbeit selbst zerfiel in eine kaum mehr überschaubare Vielfalt von Arbeitssituationen, Arbeiterlagen. Wo immer diese Methode zum Einsatz gelangte, entstanden Risse, Spaltungen zwischen Zentrum und Peripherie, zwischen Alteingesessenen und Arbeitsmigranten, zwischen Stammbelegschaften einerseits, Leih-, Zeit-, Hilfsarbeitern, Beschäftigten mit Werkverträgen, illegal in Dienst Gestellten ohne alle Rechte andererseits. Jede neue Kategorie abhängig Beschäftigter verschleierte zusätzlich die ungeheure Kluft, die sich zwischen Arbeitsvolk und Arbeitsherren weltweit auftat. Das Gemeinsame all dieser Formen, Erwerbsarbeit unter dem Kommando des Kapitals zu sein, trat in den Hintergrund. Diese soziale Realität per se löste sich mehr und mehr in scheinbar inkommensurable Realitäten auf. Unter den einzelnen Gruppen machte sich jener *kollektive Individualismus* breit, den Alexis de Tocqueville zum Kennzeichen spätfeudaler Gesellschaften erhoben hatte. »Unsere Väter hatten das Wort ›Individualismus‹ nicht, das wir für unseren Gebrauch gebildet haben, weil es zu ihrer Zeit allerdings kein Individuum gab, das nicht zu einer Gruppe gehörte und sich als ganz alleinstehend hätte betrachten können; aber jede der tausend kleinen Gruppen, aus denen die französische Gesellschaft bestand, dachte nur an sich selbst. Es war dies, wenn ich mich so ausdrücken darf, eine Art kollektiver Individualismus, der die Gemüter auf den uns bekannten eigentlichen Individualismus vorbereitete.«[80]

Auffächerung, Staffelung sozialer Lagen nach Einkommen, Stellenqualität, Mitsprache, Wehrhaftigkeit; wechselseitige Fremdheit, Rivalität, Statuskämpfe im Gefolge dieser Diversifizierung: Die stets weiter fortschreitende Fraktionierung des »gesellschaftlichen Gesamtarbeiters« schlägt das WIR mit seinen eigenen Waffen: Wir und Wir und Wir. Den verbleibenden Rest an kollektiver Widersetzlichkeit verschluckt der Eigentümer-Arbeiter, wenn er an seine nächste Rate denkt. Das den Blicken Verborgene marktkonform geöffneter Gesellschaften existiert als *Pool von Strategien*, als Produktionsstätte immer neuer Kniffe, Klassifizierungen, Vorstöße, Frontverschiebungen vermittels derer soziale Trennungen erprobt, durchgesetzt und verfeinert werden. »Diversity«, auf ökonomischem Terrain, ist eine Machttechnik, die anderer Ziele, anderer Einsätze zum Trotz auch auf kulturellem Feld als Spaltpilz wirkt. Identitätsbildung betont heute oft das Trennende, Singuläre, wobei sie sich vorwiegend auf außerökonomische Kriterien bezieht: Hautfarbe, Geschlecht, sexuelle Orientierung, religiöse Praktiken. Allgemeine Reizbarkeit charakterisiert die Stimmung, Absteckung von Territorien, Streit um den feinen Unterschied, der Ansprüche begründet. Kein »Wir«, das sich nicht gegen ein »Ihr« profilierte, oder mit diesem zeitweise zusammenschlösse, um ein »Sie« herauszufordern, das ist die Lage.

»Auf allen Seiten an allen Frontlinien, die uns einander entgegenstellen, herrscht die nunmehr unmöglich nachzuprüfende Gewissheit, dass sich die anderen bemühen, uns ihr ›Wir‹ aufzuzwingen, und das wir also im Recht sind, die Besonderheiten unseres ›Wir‹ mit allen Mitteln zu verteidigen. Im Durcheinander ist nur noch der Kampf selbst klar, die Lager dagegen sind es nicht mehr. Es geht um Besonderheit gegen Besonderheit, Identität gegen Identität, eine Lebensform gegen eine andere, unser ›Wir‹ gegen das ihrige.«[81]

Tribalisiert, kannibalisiert diese prozessübergreifende Gemeinsamkeiten? Leben wir tatsächlich jenseits von Stand und Klasse?

»Die Arbeiterklasse ist verschwunden!«, sagen sozial entkoppelte Akademiker, die einen betrübt, die anderen glücklich darüber, dieses einst störrische Subjekt endlich beerdigen zu können. Haben diese Grabredner ihren Weg vom Eigenheim zur Universität mit geschlossenen Augen absolviert? Haben sie keinen gesehen, der ihren Müll abholt, Häuser, Straßen, Schienen baut oder in Schuss hält? Der für die Bereitstellung von Strom, Gas, sauberem Wasser sorgt? Fracht immer hart am Zeitlimit durch halb Europa karrt, damit die Liefer- und Versorgungsketten halten? Streifte ihr Blick kein einziges Werksgelände, keinen agrarischen Großbetrieb, keine Kliniken mit tausend Betten oder mehr, in denen fertigungsanaloge Abläufe den Rhythmus bestimmen und das Personal oft bis zur Erschöpfung malocht? War da wirklich niemand, der die Arbeit verrichtete, der sie ihren Komfort, ihre kommode Existenz verdanken, gerade in Deutschland?

Laut Statistischem Bundesamt (»Volkswirtschaftliche Gesamtrechnungen«) beträgt der Anteil des verarbeitenden Gewerbes an der hiesigen Wertschöpfung derzeit rund 23 Prozent (Vereinigtes Königreich 10 Prozent; Frankreich 10,9 Prozent; EU insgesamt 17,1 Prozent; USA 11,6 Prozent) und behauptet sich seit vielen Jahren auf diesem Niveau. In absoluten Zahlen und nach Wirtschaftsbereichen aufgeschlüsselt, stieg die

Wirtschaftsleistung des produzierenden Gewerbes in den vergangenen drei Jahrzehnten, mit Ausnahme der Krisenjahre 2008 und 2009, kontinuierlich auf jetzt rund 750 Milliarden Euro, zuzüglich Baugewerbe sowie Land- und Forstwirtschaft (wo man gleichfalls Hand anlegt) auf rund 950 Mrd. Euro. Handel und Verkehr sowie das Gastgewerbe (auch dort geht es zur Sache) verzeichnen 500 Mrd. Euro Wertschöpfung. Stattliche 1,4 Billionen Euro gingen folglich auf das Konto der Ökonomie zum Anfassen, die alles andere als passé ist. Die im engeren Sinn postindustriellen Wirtschaftsbereiche (Information und Kommunikation; Finanz- und Versicherungsdienstleister; Grundstücks- und Wohnungswesen; Unternehmensdienstleister; öffentliche Dienstleister sowie sonstige Dienstleister) trugen im Jahr 2019 zusammen 1,6 Billionen Euro zum Gesamtaufkommen bei, wobei allein auf den öffentlichen Sektor 580 Mrd. Euro entfielen.

46,3 Prozent aller Erwerbstätigen verrichten ihr Tagwerk in den handfesten Sektoren der deutschen Volkswirtschaft. Keiner der dort Tätigen konnte seinen Job von zu Hause aus erledigen, als jüngst das Virus zuschlug. Dieses Schicksal teilten Millionen (zumeist) öffentliche Dienstleister im Erziehungs-, Bildungs- und Gesundheitswesen, desgleichen das Gros der Künstler und Kulturschaffenden. Weit mehr als die Hälfte, wohl eher zwei Drittel der Aktiven, sind physisch unabkömmlich, um Werte zu schaffen. Die Avantgarde der neuen Ökonomie wechselt bei Sturm von der Front in die Etappe, ins Homeoffice, und sollte sich bewusst sein, dass das ein Privileg ist.

Ein großer Störfall, eine Pandemie, und sie alle treten ins Licht. Plötzlich applaudiert man ihnen kurze Zeit, rühmt die stillen Helden, die unser aller Alltag stemmen, begreift, vielleicht, dass Individualismus auf Voraussetzungen beruht, die Tag für Tag mühevoll erarbeitet werden müssen, und dass es dazu besser keine Heldentaten bräuchte.[82]

Zugegeben, gemessen an der gesamten *Workforce* sank das spezifische Gewicht der Arbeiterschaft im Verlauf der zurückliegenden Jahrzehnte merklich, selbst dann, wenn man jene Angestelltengruppen und Scheinselbständigen, die dem Herstellungssektor zuarbeiten, als potenziell »Verbündete« mit in die Rechnung einbezieht. Und, ja, der kollektive Individualismus zersplitterte, zerfranste das »Arbeiter-Wir«; der technisch-technologische Wandel tat ein Übriges, es weiter aufzuspalten. Von der Klasse *für sich* zurück zur Klasse *an sich,* so lässt sich das Geschehen knapp zusammenfassen. Aber noch gibt es diese Großgruppe, noch zählt sie Millionen. Und bislang verpuffte noch jedes gesellschaftliche Aufbegehren politisch, wenn sie zuhause blieb; hierzulande lieferte die Epochenwende von 1989 dafür den jüngsten, eindrucksvollen Beweis. Nur zusammen ist man stark und bringt die Verhältnisse zum Tanzen.

Die gewandelten Umstände setzten den »Werktätigen« im Osten kräftig zu, dezimierten sie, beraubten sie ihrer vormaligen Widerspenstigkeit in einem Grade, dass man sie kaum wiedererkennt. Wenig erstaunlich im Grunde, schließlich lag hier das bevorzugte Experimentierfeld einer härteren Gangart des Kapitalismus, und das sieht man diesen Landschaften und den dort Lebenden auch an.

Kulturelle und soziale Agenda, der Kampf um Anerkennung und der Kampf ums Dasein, die sollten eigentlich zusammenfinden. Handelt es sich im einen wie im anderen Fall doch um emanzipatorische Bestrebungen, die gegen Diskriminierung, gegen Ausgrenzung gerichtet sind, darauf, allen Menschen das größtmögliche Maß an Selbstbestimmung zu ermöglichen. Aber so einfach ist es nicht.

Angenommen, sämtliche Führungspositionen in Politik, Wirtschaft und Kultur wären in dem Sinne paritätisch besetzt, dass sich die Gliederung der Bevölkerung nach Geschlecht, Hautfarbe, Ethnie etc. darin getreulich widerspiegelte. Dann würden die nunmehr mit hoher Entscheidungsbefugnis ausgestatteten »Aufsteiger*innen« vermutlich dafür Sorge tragen, dass sich derselbe Prozess auch auf der jeweils nachgeordneten Ebene vollzöge. Die dorthin Gelangten täten ein Gleiches, zögen Frauen, Menschen mit Migrationshintergrund, People of Colour nach, sodass schließlich all diese Gruppen den ihrem relativen Gewicht gemäßen Platz in der gesellschaftlichen Rangordnung eingenommen hätten.

Die Karten wären neu gemischt, die kulturelle Emanzipation hätte auf ganzer Linie triumphiert. Begönne nun auch ein neues Spiel? Würden, zum Beispiel, die weiblichen, postmigrantischen, diversen Vorstände und Aufsichtsräte großer Wirtschaftsunternehmen ihren neu gewonnenen Einfluss nutzen und das ihnen anvertraute Eigentum auf andere als die vom Kapitalmarkt angezeigte Art verwerten? Wären sie aufs Allgemeinwohl statt auf Maximalprofit bedacht? Rückten sie dem Primat des Shareholder Value, dem finanzialisierten Kapitalismus auf den Pelz? Bescherten sie uns *Good Banks* anstatt *Bad Banks*? Könnten sie das überhaupt – im Einklang mit ihrer Funktion? Trägt die Kapitalist*in nicht systembedingt dieselbe Charaktermaske zu Markte wie der Kapitalist – und bleibt bei Strafe des postwendenden Abstiegs unfähig, ein Bündnis mit den ökonomisch Beherrschten zu schließen oder auch nur anzustreben?

»Kulturelle Emanzipation *ist* soziale Emanzipation«, so meint man vielfach und gibt sich Illusionen hin. Die Gleichung geht solange nicht auf, wie der kollektive Individualismus die Kämpfe um Anerkennung von *dem* Ziel ablenkt, das nur gemeinsam zu erreichen ist: Die Infragestellung, die Demokratisierung der herrschenden Eigentumsverhältnisse und der *darin* begründeten Ungerechtigkeit. In einer sozialen Welt, die um ihres Fortbestands willen Reiche zu beschützen und Arme im Zaum zu halten hat, kann niemand seiner Sache sicher sein.

In allen vom Neoliberalismus umgegrabenen Gesellschaften herrscht massenhafte Wut. Im alltäglichen Daseinskampf lange verkapselt, bricht sie sich schließlich Bahn, am heftigsten dort, wo das Beben die größten Schäden verursachte. Die »Davongekommenen«, noch je zum Bleiben Entschlossenen brauchen weder Nekrologe noch Lektionen in Sachen Diversity. Nur eines kann ihren Frust auf längere Sicht besänftigen: eine Politik, die ihr Leben und Zusammenleben auch gerade dann ertüchtigt und stabilisiert, wenn sonst kein Hahn nach ihnen kräht, in der ökonomischen Misere. »Lebenszusammenhang, sozialer Zusammenhang folgen ökonomischem Zusammenhang« – mit dieser doktrinären Logik muss gebrochen werden, und das schnell!

DIE OMINÖSE MITTE DER GESELLSCHAFT

Politische Stabilität, sozialer Zusammenhalt, Mediation der Extreme, Maß und Verstand, wer könnte besser dafür bürgen als die gesellschaftliche Mitte. Doch kaum fasst man sie ins Auge, irrlichtert das Objekt der theoretischen Begierde. Als handlungsfähige Einheit kommt die Mitte gewiss nicht in Betracht. Hier verschmilzt der kollektive Individualismus mit dem Individualismus als solchem zu einem ganz eigenen Sozialmodell: der »Gesellschaft der Singularitäten«; endlich wieder einmal etwas Neues unter der soziologischen Sonne. Nur bescheint die ein recht diffuses Etwas. Aber vielleicht kann, was sich als Ganzes dem ersten Zugriff entzieht, aus seinen Bestandteilen heraus verstanden werden. Viele Mitte-Spezialisten verfahren auf diese Weise, listen soziale Gruppen auf, die sie sodann verschiedenen Mittesegmenten zuordnen: der alten, neuen, oberen, unteren, mittigen, traditionellen, postmodernen Mitte, und sie berücksichtigen dabei natürlich Mehrfachzugehörigkeiten, Mischformen und Übergänge.

Und die Mitte selbst? Die bleibt unerkannt, irgendwie ortlos. Ist sie in der Horizontalen oder in der Vertikalen anzusiedeln? Zwischen Arbeit und Kapital oder doch besser zwischen Oberschicht (Bürgertum) und Unterschicht (Prekariat); Mittelklasse oder Mittelschicht? Das proklamierte »Ende der Industriegesellschaft« samt seiner Klassenstruktur[83] nötigt zur Hinwendung zum Schichtmodell, Oben, Mitte, Unten also. Wo nun aber fängt die so gedachte Mitte der Gesellschaft an, wo hört sie auf? Da gehen die Meinungen der Kenner auseinander. Die »obere Mittelschicht« der einen zählt bei anderen klar zur Oberschicht, andere wiederum schlagen zur Unterschicht, was woanders noch als »untere Mitte« akzeptiert wird. So wird das nichts mit dem Begriff der Mitte. Auch die Statistik hilft da nicht, sie verwirrt, im Gegenteil, nur zusätzlich. 3800 Euro Nettoeinkommen, las man dieser Tage, und man rangiert als Einzelperson dem Verdienst nach in Deutschland unter den obersten zehn Prozent. Man freut sich der Botschaft und ernüchtert bei der Zusatzinformation, dass den Sprung in die gesellschaftliche Mitte geschafft hat, wer über 1600 Euro monatlich verfügt. Man wähnte sich, von Zahlen betört, auf der sicheren Seite, und argwöhnt nun, dass, wenn Hinz und Kunz zur Mitte stoßen, es mit deren Sonderstellung nicht weit her sein kann.

Eine hinreichend trennscharfe Bestimmung der Mitte gelingt nur im (qualitativen) Ausschlussverfahren, in Tuchfühlung zur Selbstklassifizierung der Individuen einbeziht.

Wer ist, lebt wirklich oben und gehört dort einsortiert? Das sind all jene, die tatsächlich *aller* ökonomischen Sorgen ledig sind, heute und in Zukunft; niemand sonst. Oben lebt, um es mit Reinald Grebe zu sagen, wer seinen Porsche zu Schrott fährt und durch einen Bugatti ersetzt. Es ist ein Missgriff, die »Gesellschaft der Singularitäten« dort auszurufen, wo sie allenfalls als Wille und Vorstellung haust, ohne je real zu werden – in der »neuen Mittelklasse mit hohen, meist universitären Bildungsabschlüssen«.[84] Dort strampelt man sich redlich ab, um einzigartig und authentisch zu erscheinen, daheim wie außer Haus, um Wohnen, Kleidung, Essgewohnheiten, Reiseziele, das ganze Gebaren danach auszurichten und kommt doch (abzüglich der Abgrenzung nach unten) nicht vom Fleck. Die anderen aus demselben Milieu verfügen in etwa über dieselben Ressourcen, Ausdrucksmittel, Vorlieben und machen jeden Distinktionsgewinn im Nu zunichte. Die Mitglieder der kreativen Klasse tummeln sich in diesem Widerspruch. Die Serie erfolgreich zu brechen ist ihnen nicht vergönnt. Ihr Lebensstil ist selbstreferenziell, überzeugt einzig Insider. Von sozial tonangebender Lebensführung mit Ausstrahlung nach oben kann keine Rede sein. Dort weiß und praktiziert man, was »Singularität« eigentlich bedeutet:

kopiergeschütztes Dasein; Nachahmung ökonomisch ausgeschlossen.

Unten stößt das Gehabe auf Ablehnung. Hier lebt, wer zu seiner Existenzführung nichts weiter in die Waagschale zu werfen hat als sich selbst und sein Arbeitsvermögen, wer aus seiner Arbeit so hervorgeht, wie er in sie eingetreten ist, neuer Arbeit bedürftig. Unten lebt auch, wem selbst »der Schweiß« versagt bleibt, sein Dasein auf diese Art zu fristen, sodass er der Versorgung durch den Staat anheimfällt.

Der Mitte-Mensch ist weder reich noch arm, weil er über *Reserven* verfügt, die sein Leben in kritischen Momenten eine Zeitlang abpuffern, weshalb er nicht jeder Zumutung sofort Folge leisten muss. Den Grundstock dieser (beschränkten) Souveränität bilden *ökonomische* Reserven, *kulturelle* Rücklagen (Bildung, verbale Kompetenzen, rare Fähigkeiten etc.) erweitern den Denk- und Handlungsspielraum und besitzen als potenziell geldwerte Eigenschaften den Vorteil, in harte Währung konvertierbar zu sein.

Dabei geben sich die Reserven als die schon mehrfach erwähnten Ressourcen zu erkennen bzw. als subjektgebundene Kapitalien, als die sie Pierre Bourdieu bestimmte. Der Ressourcenbegriff besitzt den Vorteil, empirisch überprüfen zu können, welche Fähigkeiten, welche Vermögen unter gegebenen Umständen und zu einem bestimmten Zeitpunkt überhaupt *kapitalisierbar* sind. Und das gibt den Ausschlag bei der Eingruppierung in die gesellschaftliche Rangordnung im Allgemeinen und in die der Mitte im Besonderen. Die Weichen dafür, dass jemand aufsteigt oder absteigt oder seine Position behauptet, stellen nicht Ressourcen, für sich genommen, sondern Ressourcenbündel und speziell deren Passfähigkeit zur wirtschaftlichen Entwicklung oder zu kulturellen Trends.

Art und Umfang der Reserven sowie deren Weitergabe im Generationszusammenhang sind strikt gesellschaftlich kodiert. Man kann nicht kapitalisieren, was entweder gar nicht zum Erwerb steht, zwangsbesteuert wird oder staatlich regulierten Löhnen unterworfen ist, wie das für Aktien, Grundbesitz und Bildungszertifikate im alten Osten der Fall galt. Hier liegt ein Grund für die Fragilität und die soziale Verwundbarkeit der Mittelschicht in diesen Ländern, der andere liegt in der Abwanderung gerade der Mobilen, Risikofreudigen, gut Ausgebildeten. Die Korrelation zwischen Entvölkerung und Rechtsverschiebung im politischen Spektrum ist zumindest für den Osten Deutschlands statistisch bis in den letzten Winkel überzeugend nachgewiesen.[85]

Auch die besser gepufferte Mittelschicht im Westen blickt seit geraumer Zeit sorgenvoller in die Zukunft. Man ist halbwegs gelassen, sofern man das Haus oder die Wohnung, worin man lebt, geerbt oder die Schulden nach dem Kauf beglichen hat. Schon nervöser wird die Stimmung, wenn ein Berufswechsel einen Ortswechsel nach sich zieht. Das neue Heim hat die Wertsteigerung der vergangenen Jahrzehnte mitgemacht, der Verkaufserlös der eigenen Immobilie und die Kosten zum Erwerb einer neuen halten sich in etwa die Waage; man war nur reich auf dem Papier. Noch verletzbarer sind Alleinstehende und Paare, die zur Miete wohnen. Im finanzialisierten Kapitalismus avancierte die Wohnungsfrage neuerlich zur sozialen Grundfrage, die längst auch der Mitte der Gesellschaft schlaflose Nächte bereitet. Es reicht ein Wohnungswechsel in eine(r) Stadt mit angespanntem Mietenmarkt, und man schrammt den Rand nach unten. Unter dem Druck der Verhältnisse geraten die heiligen Rechte des Eigentums in den Fokus der Bürger. So weit wäre es nie gekommen, wenn nicht auch die »bürgerlichen« Bürger unter dieser Entwicklung litten, alte wie neue Angestellte, Selbständige, Akademiker. Sie und ihre Artverwandten in Politik und Medien bestimmen die öffentliche Meinung, und plötzlich wird das Undenkbare denkbar: Mietendeckel, Rückkauf privater Bestände, sogar das Gespenst der Enteignung geht um.

Ein Paradebeispiel für die Problematisierungslogik unserer offenen Gesellschaften. Was unten lange brodelt, ohne Folgen zu zeitigen, wird spruchreif und politisierbar erst, wenn es die Schwelle zu den höheren Ständen überschreitet und dort grassiert.

DIE GRENZEN DER OFFENEN GESELLSCHAFT

Der Fall der Berliner Mauer besiegelte das Ende der DDR und läutete zugleich das Ende des Ostblocks ein. Nur wenige ahnten an diesem Tag, wie nah das Ende war, kaum einer mochte sich vorstellen, dass bald der wirtschaftliche Kollaps folgen sollte.

Weit jenseits der Erwartungen lag die Wiederkehr befestigter, bewachter Grenzen zwischen Erdteilen, Staaten, Regionen, Stadtvierteln. Ab in die Rumpelkammer mit dieser »in gewisser Weise einfach lästigen Eigenheit der globalen Landschaft«![86] Es kam – anders. Der Wind drehte sich, wehte stark von Süd nach Nord und nach einigem Zuwarten ergriffen die im Norden Maßnahmen gegen den Ansturm aus dem globalen Süden. Sie errichteten Sperren aus Mauern, Zäunen, Paragrafen sowie abschreckenden Eintritts-, Aufnahme-, und Bleibekonditionen. Aber auch sonst erfuhr das Mauerbauen eine unerwartete Konjunktur, wobei das *Ein*mauern ganzer Bevölkerungen dem *Aus*mauern von »Eindringlingen« oder verfeindeten Ethnien wich.

Ich nehme das soeben zitierte Buch, Wendy Browns *Mauern*, ein weiteres Mal zur Hand, schlage es auf, da gibt es einen Bildteil, der Grenzgebiete, Sperranlagen rund um den Globus zeigt – erst *nach* dem Fall der Berliner Mauer errichtet bzw. ausgebaut.

Wie steht es um deren »Effizienz«, um mich dieses Lieblingsausdrucks der Marktrhetorik hier zunächst einmal ganz nüchtern zu bedienen. Handelt es sich doch um nichts anderes als um in Beton gegossenes Kalkül. Die Experten beurteilen das Preis-Leistungs-Verhältnis dieser Gruselbauten fast einhellig negativ. Die Anlagen bewirkten nicht, was sie versprechen: des Zustroms Herr zu werden. Viele Wege führen aus dem Elend ins »Paradies«, keine Mühe, die man scheute, wenn man aus der Misere von dort aus aufbricht, kein Hindernis zu hoch, um den Übertritt nicht doch zu wagen. Also alles nur Show, Theater, »Inszenierung von Souveränität«? Ja, lautet überwiegend die Auskunft. Staaten, die so verfahren, kompensieren ihren Machtverlust auf ökonomischem Terrain durch demonstrative Akte der Abriegelung ihrer Hoheitsgebiete gegenüber Außenstehenden, Schutzsuchenden. Politische *R*enationalisierung als Antwort auf und Pharmakon für ökonomische *D*enationalisierung.[87]

Diese Argumentation erhellt durchaus wesentliche Gründe und Motive für die Abkehr offener Gesellschaften von ihrem weltoffenen Selbstverständnis. Aber sie versagt, wenn es darum geht, Erfolge und Misserfolge dieser Wende genauer in den Blick zu nehmen. Wären die Grenzregime wirklich nur kostspieliges Theater, dann handelten sich diejenigen Nationen, deren Regierungen darauf setzten, auch den Hauptnachteil ein. So ist es jedoch ganz und gar nicht. Die Regime wirken beileibe nicht im versprochenen Umfang, aber sie wirken. Mit Nachdruck betrieben, ebbt der Zustrom ab, weicht aus auf andere Routen; auch umwegigere, gefährlichere, neue Transit- und Ankunftsländer geraten ins Visier der zur Wanderung, zur Flucht entschlossenen Menschen. Anhaltender Druck auf die Außengrenzen unterwirft nun diese Länder, Regierungen, Bevölkerungen demselben Durchlässigkeitstest. Er ist umso leichter zu bestehen, je mehr Nachbarstaaten mitziehen und Bereitschaft zeigen, Kontingente der Umherziehenden passieren zu lassen oder aufzunehmen. In Ermangelung solch transnationaler Solidarität verschärft sich die Lage für jeden einzelnen Zielstaat von Migration rapide, weil nun zwei Ziele miteinander in Konflikt geraten und politisch gegeneinander abgewogen werden müssen: Durchlässigkeit nach außen und Loyalität nach innen. »Offene Grenzen für alle« ist für die Regierenden nun keine längerfristig durchzuhaltende Option mehr, auch nicht für »linke« Regierungen, wie die Erfahrung zeigt.

Vom globalisierten Kapitalismus bereits genügend gebeutelte Bevölkerungsgruppen kündigen ihren bisherigen Repräsentanten das Vertrauen, suchen und finden Fürsprecher eines klaren Kurswechsels hin zur Renationalisierung und geben ihnen ihre Stimme. Das politische Klima wird rauer, aber genau darauf, auf eine Polarisierung der Lager, zielte das Aufbegehren. Die Themen der öffentlichen Debatte werden jetzt nun eindeutig von rechts bestimmt, von ganz rechts, das gesamte politische Spektrum verschiebt sich in diese Richtung, was zuletzt auch an sich der Offenheit verpflichtete Amtswalter zu Konzessionen verleitet: innere Sicherheit voran, abschreckende Sozialgesetzgebung für Migranten, sozial-national, national-sozial, so gewinnt man doch noch Wahlen, wie die Sozialdemokraten jüngst in Dänemark zeigten.

Die hier in groben Strichen nachgezeichnete Dramaturgie ist nicht ausweglos. Um ihr zu entrinnen bedarf es indes mehr als menschenfreundlicher Gesinnung. Neoliberal geöffnete Gesellschaften sind sozial gespaltene Gesellschaften. Der Spalt geht mitten hindurch, trennt Oben von Unten und quert den Zwischenraum. Die Flüchtlingskrise von 2015 hat diese Spaltung für alle sichtbar und zugleich zu einer politischen Tatsache gemacht. Wir stehen am Scheideweg, auf den sich abzeichnenden Pfaden winkt keine Entwicklung zum Besseren, hier der Rückfall in den Nationalismus, dort ein Postnationalismus, der die sozialen Bindungskräfte des Nationalstaats im Zeitalter der Globalisierung teils sträflich unterschätzt,[88] teils systematisch untergräbt. »Humanitarismus in einem Land«, »Menschenrechte hebeln Bürgerwillen aus«, das kann so wenig gut gehen wie weiland der »Sozialismus in einem Land«. Der Dominoeffekt nationalstaatlicher Abschließungen nach außen hat längst eingesetzt und bringt einen Stein nach dem anderen zu Fall.

Menschen, die sich schwer tun, ihr Leben zu bestreiten, für die Nöte und Belange anderer, Fremder, Fernstehender aufzuschließen – das setzt die Bereitschaft der Bessergestellten voraus, mit ihnen zu teilen. Und daran fehlt es ganz entschieden. Woran es nicht fehlt, sind moralische Appelle, Schmähungen des »Vulgus«: »Haben noch kaum einen Flüchtling gesehen, die Egoisten, Sozialchauvinisten, und geraten außer sich!« Dabei sind es doch oft gerade die Moralisten, die sich in ihren Komfortzonen verschanzen, peinlich darüber wachen, dass ihnen und ihren Sprösslingen weder das »Volk« in die Quere kommt noch irgendwelche Zugewanderten. Flüchtlingsunterkünfte vor ihrer Haustür? Bitte nicht, da fallen gleich die Immobilienpreise. Derartige Quartiere errichte man gefälligst dort, wo sich Arbeiter und einfache Angestellte zusammenballen. Dann begreifen die endlich, und zwar anschaulich, was Hilfsbedürftigkeit bedeutet und verlangt und wie gut es ihnen im Grunde selber geht. Je engerer, intensiverer Kontakt mit Neuankömmlingen, desto leichter gewöhnen sich die Alteingesessen an kulturelle Vielfalt und akzeptieren, dass die offene Gesellschaft eine »bunte« Gesellschaft ist.

Wüssten die Wohlgesinnten, was sie mit solchen Appellen anrichten, sie ließen davon ab.

SCHUBUMKEHR: UNTEN OFFEN, OBEN ZU

»*Offener Brief an die Menschen
in Görlitz
… von internationalen Freunden der Stadt Görlitz*

Krieg

Ich hab den Frieden nie gesehen?
Ich hab ihn gesehen, alter Vater.
Eben komm ich, jetzt eben davon her.
Es führte mich der Weg durch Länder,
Wo der Krieg nicht hin gekommen.
O! Das Leben, Vater,
hat Reize, die wir nie gekannt.
– *Die Piccolomini, Friedrich Schiller*

Frieden.

Wir haben ihn gesehen! Wir waren in Görlitz, wo der Krieg nicht hingekommen ist. Eine Ausnahme-Schönheit, welche die Kriege unter uns Völkern nicht verheert hat – und die nicht auf Gebäude, Straßenzüge und die Altstadt beschränkt ist. Als Gäste fanden wir Freunde und Freundschaft, Gesten der Großzügigkeit und Gastfreundschaft wohin das Auge blickt. Viele fanden dort eine Heimat, die sie woanders durch Krieg und Vertreibung eingebüßt hatten.

Es gilt Probleme zu lösen und die Zukunft überall auf der Welt kann einem manchmal verdammt viel Angst einjagen. Umso mehr: *Bitte wählt weise, in beiden anstehenden Wahlen 2019*, liebe Bürgerinnen und Bürger und

Freunde in Görlitz und Sachsen! Gebt Euch nicht Hass und Feindseligkeit, Zwietracht und Ausgrenzung hin.

Gebt nicht auf, wenn Dinge schief laufen! Verratet nicht Eure Überzeugungen, sobald jemand behauptet, er könne die Probleme für Euch lösen! Lasst niemanden Euch im Weg stehen, der die Möglichkeiten der Zukunft einschränkt, Eure Freiheiten einengt und Euch darstellt, wie Ihr nicht seid!

Der Stoff aus dem Frieden ist, heißt Toleranz. Freiheit ist das Ergebnis.«

Der Deklaration folgt eine Liste mit den Namen der Unterzeichner. Regisseure, Schauspieler, Filmproduzenten, etliche mit Hollywood-Flair, erfolgreiche Schriftsteller, Musiker – Helden der Neuzeit, allesamt. Es schmerzt, einige darunter zu finden, die einem in diesem Zusammenhang lieber nicht begegnet wären.

Die erste der »beiden anstehenden Wahlen«, auf die der Brief Bezug nimmt, wurde im Juni in Görlitz selbst entschieden. Das Amt des Oberbürgermeisters war neu zu besetzen. Den ersten Urnengang gewann der Kandidat der AfD mit rund 36 Prozent der Stimmen. Das erste Rathaus einer größeren deutschen Stadt »in den Händen« der Neuen Rechten? Das zu verhindern, versammelten sich alle anderen Parteien hinter dem zweitplatzierten CDU-Kandidaten, einem diplomierten Musiker mit Migrationshintergrund. Der setzte sich schließlich mit rund 55 Prozent Stimmenanteil durch; der AfD-Mann vereinte den Rest auf sich, 45 Prozent, und hatte also noch einmal um knapp 10 Prozent zugelegt. Da wählten die »Menschen in Görlitz« wohl doch nicht ganz so »weise« und enttäuschten die Erwartungen der Stars. Ihr Mahnbrief blickte über Görlitz hinaus auf die sächsischen Landtagswahlen Anfang September 2019. Der AfD gelang mit einem Stimmenzuwachs von 17,8 Prozent ein fulminanter Erfolg.

Weil sie sich für deren Wähler, deren Leben und Lebensumstände, nicht im Geringsten interessieren, vergreifen sich die Prominenten in der Sache sowie im Ton. Das ist symptomatisch für diese Art der Ansprache, für die gestörte Kommunikation in unseren offenen Gesellschaften; *deshalb* verweile ich bei diesem Fall. »Es gilt Probleme zu lösen«, »die Zukunft kann einem manchmal viel Angst einjagen, überall auf der Welt«, schreiben sie. Phrasen, Allgemeinplätze, ohne Bezug zum Ort und seiner Geschichte. Die Flurschäden, die der Umbruch der frühen 1990er-Jahre in der Kommune anrichtete, sieht man nicht auf den ersten Blick. Prächtige Häuser, weitläufige Straßen und Plätze, Gründerzeit zum Staunen und Anfassen, Touristen kommen gern hierher – vermutlich ist das auch der Grund, warum die internationale Kulturelite überhaupt ein Auge auf die Stadt geworfen hatte.

Das steht auf der Habenseite der neuen Zeit. Von der einstigen Industriemetropole mit dem Schwerpunkt auf Anlagen-, Maschinen- und Fahrzeugbau blieb indes nicht viel übrig. Die Beschäftigung im produzierenden Gewerbe schrumpfte binnen weniger Jahre um mehr als die Hälfte, ähnlich sah es im Baugewerbe aus sowie in der Land- und Forstwirtschaft. Einzig die Herstellung von Schienenfahrzeugen überlebte. Hohe Arbeitslosigkeit, ebenso hohe Abwanderung, leer stehende Fabriken, Wohnhäuser und Einkaufszentren bestimmten das Stadtbild und bestimmen es, schaut man genauer hin, zum Teil noch immer. Etliche dieser Gebäude, aufwendig wieder hergerichtet, strahlen, funktionslos, im alten Glanz. Eine Kulissenstadt in weiten Arealen, wie auch Wittenberge in der Prignitz im Nordwesten Brandenburgs. Dort, im Packhofviertel, im Jugendstil errichtet, fanden Filmteams aus aller Welt gleich nach der Wende die ideale Location für Stoffe mit historischem Ambiente.

Dieselbe Aufmerksamkeit wurde Görlitz zuteil; bald sprach man von »Görliwood«. Hier entstanden *Der Vorleser* mit Kate Winslet, Quentin Tarantinos *Inglourious Basterds*,

Wes Andersons *Grand Budapest Hotel* und zahlreiche andere Werke mit großem Budget und hochkarätiger Besetzung. Für die Neuverfilmung von Falladas Roman *Jeder stirbt für sich allein* verwandelte sich die Innenstadt im Jahr 2015 für Wochen in das Berlin der NS-Zeit; Hakenkreuzfahnen allüberall.

Über die Begleitumstände, die Görlitz als »Filmstadt« weltweit bekannt machten, verlieren die Kulturschaffenden kein einziges Wort. Beredtes Schweigen, hier führt es wieder den Diskurs: »Gebt nicht auf, wenn Dinge schief laufen!« Beherzigten die Görlitzer den Rat? Schon in der Vergangenheit hatten sie dem geforderten Heroismus nicht genüge getan. Einige mochten nicht auf bessere Zeiten warten und gingen weg. Einige? Viele! Für das Jahr 1988 weist die Bevölkerungsstatistik 77 609 Bewohner aus. Ein Jahr später, nach der Maueröffnung vom 9. November 1989, waren es rund 3000 weniger. So lief das weiter, Jahr um Jahr. Der Tiefpunkt lag im Jahr 2013 mit nur mehr 54 042 Einwohnern, derzeit leben rund 57 000 Menschen in der Stadt. Schwund, per Saldo, Wegzug und negative Bilanz von Sterbefällen und Geburten zusammengenommen, ca. 20 000 Personen.

Vieles »lief schief«, fraglos, aufzugeben kam denen, die blieben, keinen Augenblick in den Sinn. Vom Aufgeben können nur Leute schwadronieren, die sich in den Alltag ganz normaler Bürger weder hineinversetzen können noch wollen. Das Leben musste weitergehen, und in Abhängigkeit davon, *wie* es weiterging, mit oder ohne Arbeit, gehört oder ungehört mit seinen Sorgen, zogen die Menschen ihre Schlussfolgerungen, praktische wie politische.

Das Verhalten derer, die es aufgrund ihrer gesellschaftlichen Stellung gewohnt sind, zu anderen und für andere zu sprechen, spielt dabei eine größere Rolle als diese selber glauben.

Die Soziologin Arlie R. Hochschild könnte ihnen Aufschluss darüber geben. Jahre bevor Donald Trump ins Oval

Office einzog, hatte sie sich zu jenen Leuten aufgemacht, die man in ihren Kreisen abschätzig »Rednecks« nannte, zur vornehmlich weißen Arbeiterschaft und Mittelschicht in den wirtschaftlich abgehängten Gegenden des Landes. Dort fühlte man sich seit Längerem mehrheitlich den Republikanern verbunden, schwenkte mit fortschreitender Krise weiter nach rechts, zur Tea Party, um die Stimme zu guter Letzt dem Immobilienmogul aus New York City zu geben, Donald Trump.

Bei ihrer ersten Ankunft merkte Hochschild sogleich, dass sie im selben Land und doch »woanders« war: Weder Ökoläden noch Fahrradwege, kaum Fitnessstudios, der Erwerb eines Exemplars der *New York Times* bereitete Mühe; man informierte sich hier üblicherweise bei Fox News. Ihre Kontaktpersonen und Gesprächspartner wiederum erkannten mühelos *sie* als Fremdling, luden sie gleichwohl zu sich nach Hause ein und unterhielten sich oft stundenlang mit ihr.

Die Lösung des »Rätsels«, das die Forscherin in diese Landstriche geführt hatte, nahm einige Zeit in Anspruch; mit einer Reise war es nicht getan. Warum sympathisierten die Einheimischen mit Politikern, die einer intakten Umwelt, gesunder Luft, sauberen Seen und Flüssen und dem Einhalten von Arbeitsschutzbestimmungen offensichtlich wenig Bedeutung beimaßen, das wollte Hochschild wissen. Litten doch viele derer, die sie ins Gespräch zog, an Krankheiten, die sie selbst mit verseuchten Böden in Verbindung brachten, mit Jobs, die ihre Organe nachhaltig geschädigt hatten; beinahe jeder kannte einen, der frühzeitig daran gestorben war. »Lieber Arbeit, die die Gesundheit strapaziert, als keine Arbeit und als Sozialschmarotzer dastehen«, so etwas bekam sie wiederholt zu hören; gebrochener Stolz als Hinterlassenschaft von Zechenschließungen und Werksverlagerungen. Kohle und Stahl aus der Versenkung hervorholen und die Umweltprogramme der Vorgängerregierungen rückgängig machen, mit dieser Ankündigung gewann Trump ihre Herzen im Fluge. Es war, als würde damit nicht allein ihr Leben, sondern auch das ihrer kollektiven Väter und Großväter rehabilitiert.

Dass »linke« Intellektuelle und Medienakteure vornehmlich von der Ost- und Westküste ihnen diese Haltung, diese Wahl ankreideten, dass man sie für »rückständig« erklärte, für »ungebildet«, mitunter schlicht für »dumm«, schrieben sie der Ignoranz der Leute zu, die so über sie urteilten, ohne ihre Lebensbezirke je betreten zu haben. Statt sie infrage zu stellen, verhärteten dergleichen Vorwürfe ihre Einstellungen und Präferenzen nur. Kamen die Gespräche auf dieses Thema, fuhren die Emotionen unmittelbar hoch; untrügliches Zeichen für den Grad der erfahrenen Kränkung.

»Viele liberale Kommentatoren schauen auf Leute wie mich herab. Wir dürfen das ›N‹-Wort nicht sagen, das wollen wir auch gar nicht, es ist erniedrigend. Warum nehmen liberale Kommentatoren sich dann die Freiheit, das ›R‹-Wort [Redneck] zu benutzen?«, sagt einer. Eine Flugbegleiterin äußert sich angesichts einer anprangernden Dokumentation über das Elend von Kindern in Afrika sinnverwandt: »Das ist das, was die Zuschauer nach Ansicht der Liberalen empfinden sollen. Das gefällt mir nicht. Und außerdem will ich nicht, dass man mir sagt, ich sei ein schlechter Mensch, wenn mir dieses Kind nicht leidtut.«[89]

Gefragt, wie sie sich selber sehen, wie *sie* ihre Gefühle beschreiben würden, stimmen so gut wie alle in dieselbe Klage ein, bezeichnen sich als Leute, die keiner wahrnimmt und denen keiner zuhört. Die immer zu kurz kommen, zu spät. Kaum formulierten sie ihre Ansprüche, drängelt sich jemand vor, und sagt, »hier bin ich«, und man hört ihm zu. Schwarze, Frauen, Immigranten, Flüchtlinge würden vorgelassen in der Schlange, die Behörden kümmerten sich um sie, erwiesen ihnen jede Hilfe, versorgten sie mit Stellen aus Förderprogrammen oder gleich im öffentlichen Dienst.[90]

Nach oben führt kein Weg, der Traum ist ausgeträumt, das wissen die Kläger; auch in der Mitte, ihrer alten Heimat, ist für viele von ihnen kein Platz mehr vorgesehen. Nach weiter unten durchgereicht, finden sie sich im Gedränge wieder. *Unten offen, oben zu* – wie soll man da nicht wütend werden und einen Mann an die Staatsspitze hieven, der denen oben rhetorisch den Kampf ansagt?

Das ist die Sicht von innen, die man nicht teilen muss. Man kann sie kritisieren oder ironisieren: »Rationalisierung von Abstiegs- und Verlusterfahrungen«, »letztes Gefecht um die Behauptung weißer Vorherrschaft«, wie auch immer. Aber das entbindet nicht von der *Kenntnisnahme* dieser Sicht, Intellektuelle am wenigsten. Die Abgehängten führen ein moralisches Leben wie die anderen gesellschaftlichen Gruppen auch, und Moral will auf etwas hinaus, auf Achtung, Anerkennung, auf Wahrgenommenwerden. Der Verweis auf ihre desolate Lage ist nicht frei von Verklärung sowie dem Versuch, alte Macht und Stärke zurückzugewinnen. Die weißen Absteiger begegnen Schwarzen, Hispanics, Migranten, Flüchtlingen selten wohlgesonnen, solidarisch, auch das spricht gegen sie. Aber eines spricht *für* sie, für ihre Sicht und Wahrnehmung der sozialen Welt: der Umstand, dass die offene Gesellschaft in den Sinkflug übergegangen ist, in ihrer Außenpolitik ebenso wie in ihren Binnenverhältnissen.

»Gesellschaftliche Rangordnungen bilden sich gemäß Leistung und Verdienst«. Wer glaubt daran, seit dieser Grundsatz von den Eliten aufgekündigt wurde? Nach oben gelangt man nicht, oben »ist« man. Dort zu residieren, bemisst sich an der Macht, die Verteilung des gesellschaftlichen Reichtums so zu gestalten, dass man bleibt, wo man ist. Der Ausweis dieser Macht, der Insider von Outsidern scheidet, besteht, auf den Punkt gebracht, gerade in der *Außerkraftsetzung* von Leistung und Verdienst als Bemessungsgrundlagen für das einem Zustehende. »Zugang nur für Befugte!«, steht in großen Lettern über diesen Quartieren des Glücks geschrieben.

Ein Beispiel für die Hermetik der unfassbar hohen Mauern aus eigener Erfahrung: Ich war viele Jahre lang Lehrbeauftragter an der Universität St. Gallen, einer Kaderschmiede für die wirtschaftlichen Führungskräfte von morgen. In einem Seminar, das sich mit sozialen Zugehörigkeiten beschäftigte, erzählte eine Kursteilnehmerin aus der Schweiz eine sehr persönliche Geschichte, die mir auch deshalb in Erinnerung blieb, weil der Verhaltenscode an solch elitären Orten Diskretion in Herzensangelegenheiten präferiert. Und hier kam das Herz ins Spiel. Sie stamme, hob die Studentin an, aus einer begüterten und einflussreichen Industriellenfamilie, das Unternehmen, das ihr Vater leite, zähle zu den weltweit führenden in seiner Branche und operiere global. Als sie ihr Studium begann, habe sie sich in einen Kommilitonen verliebt, gleichfalls Schweizer, und Sohn des Vorstandsvorsitzenden einer großen Versicherungsgesellschaft. Einmal lud er sie in das Haus seiner Eltern ein. Nach dem Essen sei seine Mutter zu ihr gekommen, habe sie in den Garten geführt und ihr ungefähr folgendes mitgeteilt: »Schön, dass Sie meinem Sohn Gesellschaft leisten und viel mit ihm unternehmen. Er ist ein Eigenbrötler, das war er schon immer, und Abwechslung tut ihm gut. Nur machen Sie sich bitte keine falschen Hoffnungen auf eine feste Verbindung: Heiraten werden sie beide nicht.«

Die junge Frau war sprachlos und verließ das Anwesen. Ihr Freund folgte ihr. Sie berichtete ihm, was soeben geschehen war, und sah ihn an. Er wand sich, und da begriff sie, dass er wie seine Mutter dachte, gewillt war, der mütterlichen, elterlichen Erwartung zu genügen. Sie trennte sich und schloss: »Kinder von Superreichen heiraten in die Familien von Superreichen ein, nicht in die von Reichen, so einfach ist das.«

In der Mitte der Gesellschaft verfügt man über Reserven, geringere, größere, doch nicht über schrankenlosen Reichtum; der freie Zugriff auf ökonomische Ressourcen ist den hierhin Gehörigen verwehrt, der Aufstieg nach oben blockiert. »Die akademisch ausgebildete urbane Mittelschicht wird zunehmend in die globale Oberklasse integriert«[91] ...? Das ist ein Traum, wer ihn träumt, träumt an den Tatsachen vorbei. Die soziale Dynamik beschränkt sich auf Positionsverschiebungen innerhalb dieses Containers, der Abstiege nach unten vorsieht. Die wachsende Verwundbarkeit der Mitte im finanzialisierten Kapitalismus stachelt den kollektiven Behauptungswillen an, der sich, nolens volens, auf Strategien der Abgrenzung zur Unterschicht hin konzentriert. Weil man die Abstiegskanäle nicht wirksam schließen kann, schließt man, so gut man es vermag, die Aufstiegskanäle von unten und igelt sich gleich denen da oben ein.

Gesellschaftliche Dynamik auf absteigender Linie offener Gesellschaften, Abschottung von Oben zur Mitte, von der Mitte zu Unten, von Unten zu Außen; das ist gemeint, wenn von »Schubumkehr« die Rede ist.

Die Oberschicht schließt die Mitte primär ökonomisch aus. Vorstände und Aufsichtsräte der großen Wirtschafts-, Finanz- und IT-Konzerne eignen sich die dazu erforderlichen Ressourcen nach Gutdünken, auf »feudale« Weise, an. Dieser Königsweg zu elitärem Dasein ist der Mitte verbaut. Wohl definiert auch sie sich wesentlich durch ökonomische Faktoren, durch finanzielle Reserven eben, die das Leben ihrer Mitglieder abpuffern. Nur vollzieht sich deren Auf- und Ausbau, gerade bei den führenden Gruppen, wesentlich durch die Mobilisierung und Monopolisierung *kultureller, symbolischer* Ressourcen. Sich derer so zu versichern, dass die anderen nicht mithalten, nicht nachkommen können – das bringt die Fantasie der neuen Mitte zum Sprudeln, da legt sie Ehre für ihr Markenzeichen ein und zeigt sich wahrhaft »kreativ«.

Diese Sorte Kreativität kennt man auch aus anderen Epochen. Privilegierte, besser gestellte soziale Gruppen schließen sich gegen andere, die von unten nachdrängen, ab, indem sie ausdrücklich kultivieren, was vordem als natürlich, als selbstverständlich galt: einen bestimmten Lebensstil, eine Art der Lebensführung. Dieser Komment wird jetzt ausgearbeitet, in all seinen Nuancen, und derart verfeinert, dass man schon ein Julien Sorel sein muss, um als Nobody von außen nach innen zu gelangen, alle Codes zu kennen, die expliziten wie die impliziten. Je stärker der Auftrieb von unten, die Gefahr der Vermischung, desto mehr Energie fließt üblicherweise in die Ausgestaltung der Form, der Art und Weise zu sein, sich zu geben, zu sprechen, von Mimik, Gestik, Wortwahl. Das ist der Regelfall. Abermals gebührt Alexis de Tocqueville das Verdienst der Ersterkenntnis dieses Zusammenhangs:

»Waren auch Bürgertum und Adel ähnlicher geworden, so sonderten sie sich doch gleichzeitig mehr und mehr voneinander ab, und diese beiden Umstände darf man um so weniger verwechseln, als der eine, statt den anderen zu mäßigen, ihn vielmehr oft verschlimmert.«

Hier geht es um Frankreich im 18. Jahrhundert, um die Jahrzehnte vor dem Ausbruch der Französischen Revolution. Das Bürgertum gewann an Macht und Einfluss in der Wirtschaft, aber auch in der höheren Verwaltung, in den Schaltstellen des Staates, nicht wenige erwarben das Adelsprädikat. Und sie verbanden sich, kaum dass ihnen der neue Titel zuteil geworden war, mit dem alteingesessenen Adel gegen ihre vormaligen Standesgenossen; Privilegien sollten Privilegien bleiben. Das tat dem bürgerlichen Auftrieb keinen Abbruch. Schließlich waren sie es, die Bürger Frankreichs, die den Ausgabenstaat der letzten Könige finanzierten und daraus nun Forderungen ableiteten, steuerlicher wie anderer Art, die auf Gleichbehandlung von Bürgertum und Aristokratie zielten. Man weiß, wie es weiterging: Mehr Abgrenzung oben, zunehmende Verknöcherung der Verhältnisse, höfische Etikette und Zeremoniell ersticken jeden Anflug von Spontaneität, der Adel degeneriert zur Kaste und wird 1789 hinweggefegt.

Das ist, wie gesagt, der Regelfall. Unser Fall liegt anders, und das nicht nur, weil keine Revolution ins Haus steht. Die heutige Abgrenzungslogik folgt anderen Motiven als jenen, die den Adel im Ancien Régime beherrschten. Dem rückte der Dritte Stand mehr und mehr zu Leibe. Nervosität, Selbstbehauptungswille, Abgrenzungseifer *unserer* gesellschaftlichen Mitte reagieren dagegen nicht auf den Auftrieb von unten, sondern auf *Abstiegsängste in den eigenen Reihen.* Weil viele Mitte-Menschen sich inzwischen vorstellen können abzusinken, klammern sie sich an ihren Status und inszenieren, zelebrieren »Bürgerlichkeit«, seriöse wie postmodern gestylte, eine bewusst abschreckende Kulturalisierung von allem, was irgend Unterscheidungswert besitzen könnte: Dinge, Handlungen, Orte, Zeiten. Aufbruch in die »Hyperkultur« laut Andreas Reckwitz' *Gesellschaft der Singularitäten.*

Die Abschreckung wirkt. Wer unten lebt und nach oben strebt, stößt auf sichtbare und unsichtbare Mauern, da ist schwer durchzukommen. Mit dem Kopf gegen die Wand? Einmal, zweimal vielleicht, dann fragt man sich: Wozu die Zähne zusammenbeißen, wenn es am Ende doch nichts nützt? Greift diese Einsicht Platz im gesellschaftlichen *basement*, droht Ungemach für alle. Wenn die »Hoffnungen auf einen der Würde des Menschen gemäßen Verlauf der Geschichte sich nicht erfüllt haben, ist das Gewissen ohne Letztinstanz«.[92] Der Triebverzicht wird seines irdischen Ziels beraubt, die Selbstzwänge lockern sich, das Handeln gerät stärker unter den Einfluss von Affekten. Diese sind politisierbar, warten auf Anlässe, sich für den Ausschluss zu rächen.

Das fragwürdige Vorrecht, unten zumindest *unter sich* zu bleiben, von weiterer Konkurrenz verschont, *perdu.* Vom Abstieg bedrohte Mittelschichten stemmen sich gegen dieses Schicksal und investieren alle verfügbaren Mittel in die Bildung ihrer Kinder. Dieses Investment lohnt selbst dann, wenn es in keine akademische Karriere mündet. Auf den Stellenmärkten von Haupt- und Realschülern zu »wildern«, diese auszustechen, dazu reicht es allemal. Auf Wohnungsmärkten liefern sich die schlechter gepufferten Mittelklassefraktionen ohnedies einen erbitterten Verdrängungskampf mit Unterschichtlern. Und dann noch Mitbewerber, die von außen kommen, Migranten, Flüchtlinge, bald in kleineren Gruppen, bald, wie im Herbst 2015, in Kolonnen, die nicht enden wollen! Diese beanspruchen Teilhabe am Wohlstand dieses Landes, und das fordert zuallererst *wen* heraus? »Uns« natürlich. Oben zu, unten offen, dem Auf und Ab von globalen Konjunkturen, Märkten, Wanderungsbewegungen ausgesetzt, als wären es Naturgewalten – das nehmen »wir« nicht länger hin!

Kein Zweifel: Es sind die *inneren* Blockaden offener Gesellschaften, die selbst in klassischen Einwanderungsländern die Aufnahmebereitschaft schwächten und einer restriktiven Einwanderungspolitik den Weg bereiteten.

EXIT: DIE MOBILEN UND DIE SESSHAFTEN

Soll man es eine Paradoxie nennen, dass Menschen, die von politischen Entscheidungen existenziell betroffen sind, zumeist nur geringes politisches Interesse zeigen, wohingegen jene, die diese Entscheidungen mit Gelassenheit verfolgen können, lebhaften Einfluss darauf nehmen?

Tatsächlich handelt es sich um einen *Widerspruch*, der lange eingefroren war und der nun vor unseren Augen aufbricht. Auf welche Weise? Durch die Rückkehr der Entpolitisierten in die Arenen der öffentlichen Meinungsbildung? Das gibt die Richtung an, verfehlt jedoch den Kern der Problematik. Menschen sind niemals vollständig entpolitisiert. Sie registrieren die Auswirkungen des Regierungshandelns auf ihr Leben sehr genau und geben in vertrauter Runde klar und lautstark zu verstehen, was sie davon halten. Und dabei bleibt es, solange die politischen Diskurse ebenso voneinander getrennt sind wie die sozialen Welten, die sie erzeugen. Auf der einen Seite das Geriesel der Worte der Laien, nach außen verpfropft, auf der anderen die (ab)geschliffene Rede der zur Äußerung Berufenen. Gelegentlich löst sich der Pfropfen zugunsten osmotischer Prozesse. Dann gelangen Diskursfragmente von der einen Seite auf die andere, wo sich professionelle Sprecher ihrer annehmen und zu Forderungen mit Anspruch auf politische Erörterung verdichten. Das sind die »Kümmerer«, »Populisten« genannt, oder »Vulgärdemokraten«, wenn sie »Volkes Stimme« allzu ungefiltert übersetzen.

Wirklich populistisch wird es erst, wenn die Scheidewand unter Mehrfachbeschuss gerät. Durch politische Repräsentanten, die sich nicht länger als Vermittler der Sorgen und Anliegen des Publikums verstehen, sondern als deren einzig wahre Interpreten, und sich daher als ebenso verachtet und verfemt gebärden wie die unteren Klassen selbst. Indem die

»schweigende Mehrheit« Wege findet, die Torwächter der öffentlichen Meinung auszumanövrieren, sodass die einzelnen Stimmen ungefiltert, ungeschützt, unüberhörbar zu *Stimmungen* zusammenfließen, die niemand ignorieren kann. Die neuen sozialen Medien schaffen die Bühne dafür, die man betreten kann, ohne sich zu offenbaren oder jemanden um Erlaubnis zu fragen; Zugang für alle, für (fast) jegliche Äußerungen, zu jeder Zeit.

Damit hat es ein Ende mit der Bevormundung, mit dem Ausgeschlossen- und Ausgeliefertsein. Die eigene Meinung zählt und kann im Verein mit gleichartigen etwas bewirken, in der realen, analogen Welt. Die, die lange abseits standen, finden wieder Geschmack am öffentlichen Streit. Und das ist gut so, im Prinzip.[93] Wir durchleben eine Repolitisierung des gesellschaftlichen Lebens, mit Schattenseiten, tiefschwarzen Dunkelzonen, ja. Aber die Schattengewächse, die sich da tummeln, wurden am helllichten Tag gezüchtet, auf der Schattenseite des Bruchs, der unsere Gesellschaften durchzieht. Die dort leben, ziehen ihre neu gewonnene Stärke aus der zahlenmäßigen Schwäche der Potenten und Mobilen, die die abgehängten Regionen freiwillig räumen und denen überlassen, die Blei an den Füßen haben. Nun geben *sie* den Ton dort an, bestimmen die Debatten, gehen wieder wählen und entscheiden Wahlen. Aber besser das als der gedeckelte Zustand früherer Zeiten. Begreift man, was geschieht, auf konstruktive Art, als Weckruf, kann mehr Gutes als Schlechtes daraus erwachsen.

Der Druck, selbst Stellung zu beziehen, wächst. Zuschauer des politischen Geschehens werden zu Akteuren. Wer handelt, trifft Entscheidungen, die so, aber auch anders möglich wären. Mit Berufsreaktionären anzubändeln ist ein Hilferuf, doch keine Lösung. Die radikale Rechte hat die wahren Ursachen des verbreiteten Unbehagens am Zustand der Gesellschaft seit je zu kaschieren gewusst, und sie wird den Verhältnissen auch derzeit nicht zu Leibe rücken. Das kann man wissen. Und viele wissen es. Und tun es doch und berufen sich in diesem inneren Widerstreit auf Fakten. Jetzt, wo sie die rechte Karte spielten, fänden sie jene Aufmerksamkeit, die ihnen lange versagt geblieben sei. Politiker, Journalisten, Wissenschaftler eilten zahlreich herbei, erkundigten sich nach ihrer Lage, machten die Misere publik, versprächen Abhilfe. »Dann haben wir das doch richtig gemacht! Oder?« Wer an dieser Stelle »nein« sagt und sonst nichts, hat nicht begriffen, wie weit die Krise der politischen Repräsentation in Teilen der Gesellschaft inzwischen vorangeschritten ist.

Politisches Engagement ist eine Standortfrage, eine Frage der *Freiheit*, der Freiheitsgrade gegenüber dem sozialen Standort; hier folgt die Beweglichkeit des Kopfes der Beweglichkeit der Füße.

In Gesellschaft sein, ohne einen Fuß vor die Tür zu setzen, Dasein als global vernetzter Stubenhocker, das geht auf mehr als eine Weise, auf häusliche wie auf postmodern-nomadische. Im ersten Fall ist man an den Ort gebunden, an dem man lebt, oder bindet sich selbst an ihn. Man kann nicht weg oder will es nicht, obwohl man könnte, weil die Gründe, die für ein Bleiben sprechen, überzeugender ausfallen als jene für das Weggehen: Verwandte, Freunde, gute Nachbarn, Haus und Landschaft. *Stayer* und *Place-Lover* lauten gleichsinnige Bezeichnungen für diese optionale Bindung, für die sich im Deutschen keine griffige Entsprechung findet; zahlreiche Gesprächspartner von Arlie R. Hochschild wählten diese Selbstbeschreibung.

Auch »Kosmopoliten« können Stubenhocker sein: »Es gehört zu den großen optischen Täuschungen der Globalisierung des 21. Jahrhunderts, dass nur mobile Menschen wirklich kosmopolitisch sind und dass nur jene, die sich an verschiedenen Orten zu Hause fühlen, eine universalistische Perspektive haben.«[94] Dessen ungeachtet gehören *Stayer* und Kosmopoliten zu verschiedenen Rubriken. Die lokale Selbstbindung der einen ist stark, die der andern schwach, kündbar von einem

Tag zum nächsten. Ein neuer Knotenpunkt im Netz der eigenen Firma, ein verlockendes Angebot von irgendwo, und man zieht weiter. Heute hier und morgen dort; sich für die Interessen von Menschen engagieren, mit denen man nur zeitweise, auf Widerruf, zusammenlebt, lohnt kaum der Mühe. Das schwächt lokale Allianzen gegen Mietwucher und sozial sortierte Quartiere, hemmt die Aneignung öffentlicher Räume und verleiht der offenen Gesellschaft um die Ecke ihren flüchtigen Charakter.

Um die einzelnen Spielarten auseinanderzuhalten hilft ein Leitbegriff: Exit. Für all jene, denen es an den subjektiven Voraussetzungen wegzugehen gebricht, existiert keine Exit-Option. Wer sich auf starke Weise bindet, zieht sie nicht in Erwägung. Das sind die *Sesshaften* dieser Welt, und es gibt sie überall. Die »lokale Klasse« ist ein globales Phänomen, die »globale Klasse« ein lokales Vorkommnis. Deren Angehörige befinden sich stets irgendwo, man kann sie durch die Glasfront sehen, beobachten, wie sie in die Tasten tippen oder Kaffee zubereiten. Irgendwo, das gibt den Ausschlag für die Einordnung dieser Individuen in die Gruppe der *Mobilen*.

Ich ziehe die Unterscheidung zwischen Mobilen und Sesshaften sowie zwischen zwei Unterarten sesshafter Existenz der geläufigen zwischen »Kosmopoliten« und »Kommunitaristen« vor.[95] Sie erscheint mir aufnahmefähiger für Differenzierungen und letztlich auch objektiver. »Kosmopolitismus« und »Kommunitarismus« vermischen Einstellungen, Haltungen zur sozialen Welt, mit Positionsbestimmungen. Man kann sehr gut Kommunitarist und gleichzeitig Teil der mobilen Klasse sein, Kosmopolit *und* passionierter *Stayer*. Immanuel Kant zählt zu den berühmtesten Vertretern der einen Spezies von Weltbürgern. Er blieb zeitlebens, wo er das Licht der Welt erblickte, in Königsberg, und ging im Geiste spazieren. Michael Walzer und Amitai Etzioni, die beiden Vordenker des Kommunitarismus, stehen für die andere Mischform.

Und es gibt eine weitere Daseinsweise, die sich nicht in dieses Schema fügt: die Großgruppe der *zwangsweise Mobilen*, denen die Umstände Beine machen. Umstände? Zuhauf. Kriege, Bürgerkriege, Hungersnöte, Seuchen heißen die Geißeln dieser Zwangsmobilisierung, und die rücksichtslose Freihandelspolitik der wirtschaftlich fortgeschrittenen Nationen hat einen gehörigen Anteil an dieser massenhaften Entwurzelung. Offene Märkte im globalen Süden als Vorleistung für Entwicklungshilfe aus dem Norden, dessen mächtigste Nationen ihre Macht vielfach dank umfassender protektionistischer Maßnahmen erwarben!

Wider Willen mobil Gemachte treffen im Ankunftsland, sofern sie dorthin gelangen, auf Sesshafte, die zu Teilen gerne mobil wären, wenn sie es nur sein könnten. Mobile ohne Option mischen sich unter Sesshafte ohne Option, die den Ankömmlingen oftmals gerade das unterstellen, was diese mehrheitlich nicht hatten: eine Wahl.

Diese Art der Begegnung ging und geht nicht ohne Reibungen vonstatten. Sie verschärfen sich im selben Tempo, in dem die Zahl der optionslosen Mobilen, die Einlass begehren, anschwillt und die der optionslosen Sesshaften jetzt stärker ins Gewicht fällt, weil schon viele Einheimische die Exit-Option zogen. Lücken, wohin man blickt, das drückt auf die Stimmung, dämpft die Aufnahmebereitschaft für jene, die in diese Lücken stoßen. Die zu uns gehörten, seit je, verschwanden, die nicht zu uns gehören, drängen nach und beanspruchen wie selbstverständlich, was man uns allein bei »guter Führung« zugesteht: einen Platz in der Gesellschaft.

Die Konflikte eskalierten im Spätherbst 2015, als ein Ende der Zuwanderung unabsehbar schien, Tausende, in der Spitze Zigtausende, täglich die Grenze überschritten und Asyl beantragten, in Skandinavien, Österreich, in Deutschland ganz besonders. Je postreligiöser und kirchenferner zugleich die Ankunftsgesellschaft war, desto mehr Nahrung für Unverständnis, Animositäten und Abstoßungsreaktionen erzeugte bei ihr der Zustrom. Rechtgläubig, falschgläubig, ungläubig als Kriterium dafür, wer mit wem intensiven, lockeren oder keinen Umgang hat – das irritierte viele Ostdeutsche, die sich davon gelöst, den Glauben in nun schon dritter, vierter Generation verloren hatten. Dass da lauter Moslems kamen, den Koran in den Tornistern, war eine Legende, von interessierter Seite in Umlauf gesetzt und medial kolportiert. Mit einiger Wirkung, wie schon die Filmgeschichte lehrt: »When the legend becomes fact, print the legend!«[96]

Die deutsche Linke verspielte in dieser Krise viel Vertrauen. Nicht, dass sie die »Willkommenskultur« unterstützte und mittrug, ist ihr anzukreiden, ebenso wenig, dass sie daran festhielt, als sich dagegen Protest formierte. Ein linkes, solidarisches Selbstverständnis verlangte, diesen Kurs zu halten. Aus opportunistischen Erwägungen davon abzugehen, nur weil die Regierenden denselben Kurs fuhren, kam nicht infrage. Für den »Burgfrieden aus Überzeugung« einen politischen Preis einzufordern, das wäre sehr wohl infrage gekommen. Das wäre sogar bitter nötig gewesen, um auf diesem Weg nicht umfängliche Teile der angestammten Wählerschaft an die Neue Rechte zu verlieren, die nur darauf wartete, den aufflammenden Unmut für ihre Zwecke einzuspannen: Deutsche zuerst! Das gelang mit beachtlichem Erfolg und veränderte die politische Landschaft speziell im Osten Deutschlands nachdrücklich, weil die Linke die Bedeutung nicht erfasste, die sie in diesen Monaten besaß. Sie wurde gebraucht, um ihre Wähler bei der Stange zu halten, weil es derweil schon kräftig rumorte. Man nobilitierte sie, nahm sie großherzig in den »Kreis der Demokraten« auf, und was tat die allseits Umgarnte? Erklärte, dass kein Einheimischer schlechter gestellt werden dürfe, wenn nun neue Anspruchsberechtigte auf die Staatskassen zugriffen – und beschied sich damit. Und laboriert bis heute an dieser Bescheidenheit.

»Ende von Hartz IV in dieser Lage, und zwar sofort!« – *so* hätten die Repräsentanten der Linken sprechen müssen. Gesetzt, die Rede hätte Wirkung gezeigt, vor allem bei den Sozialdemokraten, und deren Abwendung von den Schröder-Reformen beschleunigt, dann wäre allein das erkennbar ihr Verdienst gewesen. Falls nicht, hätte sie zumindest unzweideutig Haltung bezogen – für die Flüchtlinge *und* für die Hartz-Geschädigten.

Verpasste Chance. Die Abtrünnigen zurückzugewinnen wird sich so bald keine neue Gelegenheit bieten. Zudem entbrannte Streit im linken Lager darüber, ob der Kurs im Herbst 2015 richtig war oder nicht vielmehr ein Verrat am sozialen Auftrag einer linken Partei. Zwischenzeitlich heftig ausgetragen, sodass ein Bruch in greifbare Nähe rückte, schwelt er derzeit.

Es steht nicht gut um die Linke hierzulande.

DIE ÖFFNUNG NACH INNEN UND DAS RINGEN UM KULTURELLE HEGEMONIE

Blickt man auf die heutigen Lebensverhältnisse in Gesellschaften wie der unseren, ergibt sich ein widersprüchliches Bild. Polizisten, Lehrer, Ärzte, Behördenvertreter, Gefängniswärter, leitende Angestellte, Männer, Eltern sehen sich in ihrem Verhältnis zu Bürgern, Schülern, Patienten, Klienten, Inhaftierten, Unterstellten, Frauen und Kindern zu mehr Zurückhaltung und Gegenseitigkeit veranlasst, als das noch vor Jahrzehnten üblich war. Dazu gehört das Verbot der körperlichen Züchtigung von Kindern, der bloßen Androhung physischer Zwangsmittel gegenüber Rechtsbrechern, Mördern inklusive, ebenso wie die Schaffung gänzlich neuer Strafrechtstatbestände wie der Vergewaltigung in der Ehe. Ordnungshüter tragen heute vielfach ein Schild mit ihrem Namen oder einer Nummer auf der Uniform und versehen ihren Dienst im Bewusstsein ihrer Kenntlichkeit. Patienten können Ärzte für Behandlungsfehler haftbar machen, Schüler wählen Sprecher, die ihre gemeinsamen Interessen artikulieren, Studierende evaluieren ihre Professoren, getäuschte Konsumenten tragen ihre Klagen mithilfe von Verbraucherschützern vor, Mitarbeitern privater wie öffentlicher Unternehmen steht im Konfliktfall der Weg zu Schiedskommissionen, Mobbing-, Frauenbeauftragten sowie Obleuten diverser Problemgebiete offen.

Parallel zu dieser sektoralen Zivilisierung vollzogen sich auf der Makroebene gegenläufige Entwicklungen. Die Abkehr der Oberschichten vom Teilhabekapitalismus, der Übergang zum Shareholder-Value-Regime, zur umstandslosen Geldvermehrung auf deregulierten Finanzmärkten schwächte die Interdependenz von Kapital und Arbeit und verstärkte die sozialen Kontraste. Reiche, Mittelschichten und Arme verbindet heute weniger miteinander denn je in der jüngeren Vergangenheit. Die Reichen kennen kein Vaterland, die Armen nur dieses eine, und das von unten. Arbeitslose Menschen formieren einen sozialen Stand mit zunehmend eingeschränkten Rechten. Diese Dialektik, dieses Zugleich von zivilisatorischen und dezivilisatorischen Prozessen, von Öffnung und Schließung, bildet die Matrix unserer offenen Gesellschaften.

Die *zivilisatorischen* Prozesse bewirkten eine gesellschaftliche Öffnung nach innen, die an die früher erfolgte Öffnung nach unten anschloss. Die Gesellschaft der Bürger mit garantiertem Status entwickelte sich zur Gesellschaft der Individuen. Die Jugend- und Studentenrevolten der 1960er-Jahre, die daraus hervorgehenden Neuen Sozialen Bewegungen waren die treibenden Kräfte dieser Entwicklung. Die offenen Gesellschaften strebten ihrem Zenit entgegen, den sie in etwa zeitgleich mit dem Beginn der neoliberalen Wende erreichten. Der Schub war stark genug, um sie noch bis in die 1980er-Jahre hinein auf hohem Niveau zu halten. Wohlstand, Aufstiegsdynamik, Mitbestimmung, Selbstbestimmung – nie zuvor und nie danach strahlte diese Gesellschaftsform heller, anziehender.[97]

Antiautoritärer Habitus, in den persönlichen und mitmenschlichen Belangen auf Selbständigkeit und Selbstverwirklichung bedacht: Das war ein gutes Training, um in der neoliberalen Ära auch ökonomisch zu bestehen. Die Verflüssigung der Privatverhältnisse schuf selbstgängige Individuen, die Verflüssigung der wirtschaftlichen Abhängigkeiten forderte marktgängige Produzenten, solche, die ein Unternehmer-Selbst entwickelten, das passte.[98]

Es passte bei vielen, besonders eine soziale Kategorie wurde vom Aufwind emporgetragen. Gesellschaftliche und individuelle Höhenflüge verlaufen parallel, wenn gefragte Positionen und Dispositionen miteinander harmonieren, sodass Menschen leisten können, im Idealfall auch wollen, was sie leisten sollen. Der *Angestellte neuen Typs* ist ein derartiger Fall. Er verbindet Können, Wollen, Sollen aus innerster

Überzeugung zu einem funktionstüchtigen, hoch effizienten Ganzen. Er läuft dem klassischen Angestellten, der ehrgeizlos Routinen abspult, den kulturellen Rang ab und spielt die ihm zugewiesene Rolle so, dass deutlich wird, dass es eine Rolle spielt, dass *er* sie spielt.[99] Die offene Gesellschaft findet in ihm, der unter verschiedenen Namen firmiert, einen leidenschaftlichen Fürsprecher: Kultur- und Wissensproduzent, akademisch gebildeter Urbaner, transnationaler Professioneller, Kreativer. Seine Zustimmung *zur* offenen Gesellschaft reflektiert und bekräftigt seine geachtete Stellung *in* ihr. Teils agiert er als Spezialist, nicht allein, aber bevorzugt auf dem weiten Feld der neuen Technologien, teils als Allrounder im kulturellen Feld, oftmals mit künstlerischen Ambitionen.

Als Spezialist, als Experte mit allseits gefragten Fähigkeiten, genießt er die Vorzüge der offenen Gesellschaft: vernetztes Leben, entgrenzte Stellenmärkte, Teamwork, hohe Kompensation, immobiles Eigentum, Pensionsansprüche. Wenn liberale Demokratien auf eine Sozialfraktion ohne Wenn und Aber bauen können, dann auf diese.[100] In diesem Segment der gesellschaftlichen Mitte sind Ehrgeiz, Stolz, Zuversicht zuhause, hier reckt man den Kopf in höhere Gefilde. Hier weiß man, was man kann, schätzt und verteidigt ohne viel Getue, was man hat, und pflegt den Gestus der Gelassenheit.

In seiner Eigenschaft als Kulturakteur wirkt der neue Angestellte hingegen angespannter, sorgenvoller. Darin zeichnen sich Besonderheiten seiner sozialen Lage ab. Von Spitzenkräften des Kulturbetriebs abgesehen, nehmen sich seine ökonomischen Ressourcen recht bescheiden aus. Oftmals befristet, projektförmig beschäftigt, umherziehend, sind Reserven schwer zu bilden, und an den Rändern dieses Feldes kann man durchaus von »Kulturproletariat« sprechen. Womöglich liegt hier zumindest ein Grund für die kompensatorischen Bedürfnisse, den Bekehrungseifer dieses Typus, für seine Neigung, die offene Gesellschaft zu katalogisieren, Gesetze und Vorschriften des einzig ihr angemessenen Denkens, Fühlens und Handelns zu erlassen. Ich beschränkte mich, um das näher auszuführen, wiederum auf einen Fall:

> »Code of Conduct
> A MAZE/ Berlin is dedicatet to provide a *Assessment-free social experience for everyone, regardless of gender, gender identity and expression, sexual orientation, disability, physical appearance, body size, race, religion or game preferences.* We do not tolerate harassment of participants in any form. Anyone violating these rules will be expelled from the festival at the discretion of the organizers.«

»A Maze«, das ist das Label einer Spielemesse, die zuletzt in Berlin stattfand. Der Verhaltenscode, an gleich mehreren Stellen lesbar, ließ keinen Zweifel darüber, wer dort willkommen war und wer lieber draußen bleiben sollte. Man muss schon etliche Parcours dieser Art durchlaufen haben, um diese Präskriptionen nachvollziehen zu können. Sie setzen eine Welt voller Übel voraus, voller Gefahren, und Menschen, die sich stets bewusst sind, dass andere an ihren Blicken, ihren Reaktionen Anstoß nehmen und darüber Beschwerde führen könnten. Um das zu verhindern, muss das eigene Ausdrucksverhalten bis in seine geringfügigsten Regungen hinein bewacht, neutralisiert, möglichst auf null heruntergefahren werden. Soziale Quartiere, die Zutrittsregeln statuieren, die Menschen aus Fleisch und Blut beim besten Willen nicht befolgen können, rechnen mit deren Bereitschaft, sich zu verstellen, so zu tun, als ob. Wer mit dieser Praxis unvertraut ist, in solche Räume stolpert und liest, was hier von ihm, von ihr verlangt wird, reibt sich die Augen, hat Mühe, zu verstehen, und versteht, wenn der Groschen gefallen ist, diese bizarre »Willkommenskultur« als Aufforderung, zu gehen. Die befremdliche Rhetorik befestigt, was abzubauen sie vorgibt: *Barrieren.* Exklusion mittels Inklusion der allein Inklusionsbefähigten, darauf läuft diese Praxis hinaus. Cornelia Koppetsch hat recht, wenn sie schreibt, »dass dieselben Milieus, die für Offenheit und Toleranz eintreten, (...) sich durch kulturell avancierte Lebensstile nach unten abschließen. Damit praktizieren sie das Gegenteil von Offenheit und nehmen den aufstrebenden Schichten obendrein die Möglichkeit der Teilhabe an den Segnungen der ›liberalen‹ Lebensformen.«[101]

Es ist in diesem Zusammenhang aufschlussreich, dass sich die während der Corona-Pandemie erlassenen Abstandsregeln (hierzulande) verbal unter dem Marker »*soziale* Distanzierung« einbürgerten. Hätte sich mit »*physische* Distanzierung« doch eine Begrifflichkeit angeboten, die sachlich angemessen und wertneutral zum Ausdruck bringt, worum es ging: um die Vermeidung bzw. Verringerung körperlicher Kontakte. Freilich, wer die physische Begegnung mit anderen meidet, geht auch sozial zu ihnen auf Entzug. Die Entzugserscheinungen sind allenthalben spürbar und auch durch moderne Kommunikationsmedien kaum einzudämmen. Der Ausdruck »physische Distanzierung« verleitet zur Verharmlosung der darin steckenden Implikationen und ist daher mit Vorsicht zu gebrauchen.

In noch höherem Grade Unbedachtes ist der Rede von der sozialen Distanzierung anzulasten. Was hier untilgbar mitschwingt, sind Klassengeschmack und Klassenvorurteil. Sich von anderen *sozial* zu distanzieren heißt, ausgesprochen oder nicht, diese abzulehnen, abzuwerten, auszugrenzen. Der in Fragen der sozialen Semantik tonangebenden urbanen Mitte war die Praxis sozialer Ab- und Ausgrenzung offenbar viel zu vertraut, um das Verkehrte, Entlarvende ihrer Option für »social distancing« zu bemerken. Dies im Vorgriff auf weiterführende Überlegungen zu diesem viralen Thema im Postscriptum dieses Buches.

Die heutige Empfindlichkeit gegen Übergriffe auf das »souveräne« Individuum besitzt eine Vorgeschichte, sie ist Resultat jener zivilisatorischen Prozesse, von denen eingangs dieses

Kapitels die Rede war, da gibt es kein Zurück. Aber der Weg nach vorn will klug beschritten sein. Sonst kehrt die Überregelung früherer Zeiten wieder, verfangen sich die Individuen aufs Neue im Dickicht von Ge- und Verboten, und die Ich-Wir-Balance verschiebt sich ohne stichhaltige Gründe zur Wir-Seite, zum Konformismus, zu einer neuen Gläubigkeit, die Fanatiker zeugt.

Menschen mit körperlichen oder geistigen Behinderungen »verkrüppelt« oder »debil« zu nennen, klingt in unseren Ohren abschätzig, respektlos. Wir sprechen von Menschen mit Beeinträchtigungen, mit Handicaps, und geben dadurch zweierlei zu verstehen: dass wir diese Menschen nicht auf das reduzieren, *was* sie einschränkt, und dass wir ihnen das Recht und die Mittel zugestehen, ein eigenes Leben zu führen, soweit das irgend geht. Manchen genügt das nicht. Sie etikettieren gehandicapte Menschen als »besonders normal« oder »speziell«. Damit schießen sie aber übers Ziel hinaus, diesen Individuen respektvoll zu begegnen, weil nun Menschen *ohne* Behinderungen darüber Klage führen können, *nicht* besonders, *nicht* speziell zu sein, normal nur auf banale Art.[102] Ähnliches widerfährt dem »Weißsein«, »Mannsein« oder jüngst den »Boomern«: Aufwertung und Herabsetzung zugleich; man öffnet den Diskurs für bislang randständige, unterprivilegierte Gruppen und verweist die Bevorrechteten in ein minderes Sein.

Ungerechtigkeiten, Diskriminierung, Ausschlusspraktiken zu benennen, um sie *aufzuheben*: Politische Korrektheit, die darauf zielt, verfährt emanzipatorisch und herrschsüchtig, sobald sie Rollentausch statt Rollengleichheit anvisiert.[103]

Reziprozität der Lebensformen, Präferenzen, Ansprüche in kultureller *und* sozialer Hinsicht – unbedingt, aber das verlangt den Diskursgeübten die Bereitschaft ab, gelten zu lassen, verstehen zu wollen, was Menschen mit einem praktischen, einem dringlichen Verhältnis zur Welt vorzutragen haben. Das Privileg eines reflektierten, distanzierten Verhältnisses zur Welt in einen Seitenwechsel umzumünzen, den fremden Blick auszuprobieren, gehört zu den kognitiven Pflichten der Gebildeten. Diese werden oftmals grob verletzt. Der Hochmut, ohnehin Bescheid zu wissen, überwiegt die Empathie. In einem Zeitungsinterview aus Anlass ihrer jüngsten Filmrolle begründete Corinna Harfouch ihre Entscheidung, Berlin zu verlassen und in Brandenburg zu leben, mit der Reizarmut des Austauschs in der Hauptstadtblase. Auf dem Land trifft sie Menschen mit anderem Horizont, anderen Interessen, anderem Duktus, redet mit dem einzigen Reichsbürger im Dorf: »Ich kann mit diesem Menschen als Mensch gut umgehen. Ich kann gut nachvollziehen, warum er so geworden ist.« Ob sie den etwa politisch beeinflussen wolle, fragt die Interviewerin leicht irritiert. Hier die Antwort im Zusammenhang:

»Ich führe diese Gespräche. Man muss es tun. Wir können es uns nicht leisten, nicht miteinander zu sprechen. Ausschließen ist eine ganz blöde Haltung. Herablassung auch. Was sind wir denn hochmütig, was sind wir denn selber, wir linksliberalen Menschen, die wir uns ständig einbilden, wir wüssten alles besser? Das ist absolut anmaßend. Ich kann den Leuten im Dorf nicht erzählen, wie das Leben geht. Ich muss erst mal zuhören. Wenn eine Fee käme und sagte, ›du hast drei Wünsche offen‹, hätte ich mir früher sonst was gewünscht. Aber jetzt wünsche ich mir zutiefst, eine Sprache zu lernen, die diese Mauern durchdringt, das ist unsere Aufgabe. Zweitens würde ich mir dasselbe wünschen und drittens auch. Es geht auch um unsere Hilflosigkeit. Darum, das wir keine Fähigkeit haben, das auszuhebeln. Dass wir nicht einmal richtig erforschen wollen, woran diese Entwicklung eigentlich liegt.«[104]

Dass viele Kulturproduzenten diese Offenheit trotz ihres Bekenntnisses zur offenen Gesellschaft vermissen lassen, kann als Effekt ihrer sozialen Positionierung verstanden werden. Der Großgruppe der Mobilen zuzurechnen, befinden sie sich weit überwiegend in einer Lage, die man als *ökonomisch do-*

miniert bezeichnen kann. Auf die Primärverteilung des gesellschaftlichen Reichtums besitzen sie keinen Einfluss, auf dessen Umverteilung zu ihren Gunsten bleiben ihnen wenig mehr Einflussmöglichkeiten, als Ansprüche anzumelden und diesen öffentlich Nachdruck zu verleihen. Alle sonstigen Gruppen tun ein Gleiches, und so bewegt sich der den Kulturarbeitern zufallende Anteil am gesellschaftlichen Konsumtionsfonds in überschaubaren Grenzen. Andere schneiden besser ab, ganz oben nimmt man sich, was man für standesgemäß hält, und diese krasse Ungleichverteilung empört die Kreativen. Viele ihrer Mitglieder üben Kritik, durchaus prinzipieller Art, am neoliberalen Regime mit seinem schamlosen Leitsatz, *the winner takes it all,* und dieser Kritik ist zuzustimmen. Hier verläuft der Riss innerhalb der Sozialformation der (freiwillig) Mobilen.

Was diese dennoch, ebenso unmerklich wie zielsicher, auf die Seite der ökonomisch herrschenden Fraktion zieht, ist ihre Lebensführung. Je offener der Sozialraum, desto leichter fällt der Ortswechsel, desto zahlreichere Betätigungsmöglichkeiten bieten sich, desto weiter fächern die sozialen Netzwerke auf, die einen auffangen, mit Informationen versorgen, und Wege weisen zum nächsten Engagement. Auf sekundären Märkten, die sich aus öffentlichen Subventionen speisen, gehört das Bekenntnis zur offenen Gesellschaft, zu deren Maßgaben, zu jenem guten Ton, der die Stellen oder Projektmittel vergebende Instanz von der persönlichen Eignung des Antragstellers überzeugt. Die offene Gesellschaft ist die gute, die gute die offene, das bestätigt die Erfahrung Tausende von Malen an Tausenden von Schauplätzen. Um ihres ganzen Seins willen kämpfen die ökonomisch dominierten Mobilen für deren Erhalt und deren Verteidigung mit jenen Mitteln und Methoden, die ihnen primär dabei zu Gebote stehen – weltläufiger Habitus, kommunikatives Geschick, Kenntnis und Beherrschung der Codes – und geraten dabei zwangsläufig in Frontstellung zu den immobilen Sesshaften.

Für diese geht die Öffnung zu jedem gegebenen Zeitpunkt immer schon weit genug,[105] für die mit dem geringsten Rüstzeug bereits zu weit, sodass sie auf (national-)staatliche Begrenzung, Einhegung, Kontrolle global entfesselter Kapital- und Menschenströme drängen.

Das macht sie in den Augen der Kulturakteure verdächtig, da reagieren sie empfindlich, und unversöhnlich, trumpfen auf und sagen, wo es lang geht, vernünftigerweise lang zu gehen hat. Und so platzt das Bündnis der Beherrschten von ihrer Seite.[106] Ökonomisch dominiert, kulturell dominant die einen, doppelt dominiert die anderen, Missgunst, Zerwürfnisse zwischen beiden, und der Klügere gibt nicht nach. Die akademische Mittelschicht als »Schlüsselfigur des neuen Kapitalismus«? Durchaus, aber am Ende auch, summa summarum, »als Komplize der herrschenden Ordnung«?[107]

Diese Deutung verfehlt die Ambivalenz ihrer Lage, ihr Hin- und Hergerissensein zwischen widerstreitenden Haltungen, ihr Nein und Ja zur naturwüchsig globalisierten Welt. »Wir sind die größten Kritiker des Neoliberalismus und gleichzeitig die größten Neoliberalen im Produzieren«, sagte Thomas Ostermeier, Künstlerischer Leiter der Berliner Schaubühne, in einem Gespräch, das wir vor einigen Jahren führten. Wer das erkennt, kann gegensteuern, entschleunigen, den Widerspruch bewusst austragen, das ist Programm an diesem Haus, seit Langem. Und nicht nur dort: Zahlreiche andere Institutionen, Kollektive und Einzelkämpfer im kulturellen Feld verschrieben und verschreiben sich demselben Ziel. Im Zweifel für den Zweifel, gegen blindes Mittun, ein erster Schritt zur praktischen Auflösung des Zwiespalts, ein Hoffnungsschimmer. Wer sich Widersprüche klar vor Augen führt, treibt sich nicht länger blindlings in ihnen herum. Noch aber ist der Bann nicht gebrochen. Im Clinch mit den durch das System entfesselten Leidenschaften zieht der Verstand zumeist den Kürzeren:

»Wer kulturelles Kapital besitzt, kämpft ständig darum, mehr Raum zur Selbstbestimmung, größere Unabhängigkeit vom ökonomischen und finanziellen Kapital zu erhalten, ohne dabei aber je zu vergessen, dass sich die Macht über die beherrschten Fraktionen der Gesellschaft letztlich genau dem ökonomischen Kapital verdankt: Die Grenzen und die Macht der Herrschaft werden in diesem Kampf zwischen Herrschenden nie infrage gestellt.«[108]

Das Ringen um kulturelle Hegemonie vollzieht sich hinter dem Rücken der Unterschicht und verschärft die Spannungen und Spaltungen in der Mitte der Gesellschaft, die Oberschicht sieht es mit Behagen. Die Geschichte dieser abgehobenen Positionskämpfe ist hinlänglich erzählt.[109] Die Fronten sind verhärtet, schwer aufzulösen. Man kann die Umkehr der Beweislast nach dem Motto »Gefühle überstimmen Argumente« für einen Irrweg halten und das sagen, wird damit aber bei all jenen auf taube Ohren stoßen, die sich bei strittigen Themen auf ihre Gefühle berufen und darauf bestehen, dass Gefühle als solche *politisch* sind. Jemanden mit Absicht zu kränken, in seiner Würde zu verletzen, ist verwerflich. Jede sprachliche Äußerung im Hinblick auf mögliche Kränkungen von allem zu reinigen, was irgend Anstoß erregen könnte, ist bigott. Derart simuliert man Konsens und geht dem Streit aus dem Weg.

Debattenbeiträge beginnen heute häufig mit der Floskel »Ich als …«. Dann folgen Identitätsfeststellungen: Frau, Mann, oft mit Angabe der jeweiligen sexuellen Orientierung, People of Colour, ethnisch, religiös grundierte Selbstbeschreibungen. Wer so anhebt, markiert die eigene Sprecherposition in der Regel als marginalisierte, diskriminierte und besteht auf dem Recht, die Sichtweise, die Erfahrungen, die daraus erwachsen, öffentlich zur Geltung zu bringen. Dieses Recht ist unbestreitbar, was unter seiner Inanspruchnahme vorgetragen wird, soll Gehör finden. Ohne öffentliche Anklage kein öffentliches Bewusstsein über Machtungleichheit und Machtmissbrauch. Der Bann des Schweigens schützt die Täter und lähmt die Opfer. Damit wieder und wieder aufzuräumen, ist ein Prüfstein offener Gesellschaften, Ausweis ihrer Lebendigkeit.[110]

Indes besitzt diese Diskurseröffnung auch eine problematische Seite. Wer mit »Ich als ...« anhebt, macht unangreifbar, was dann folgt. Die Formel beschirmt die Rede, sie wird undurchlässig für Einwände, Bedenken, Widerworte. Hier exponiert sich ein Ich mit speziellen Eigenschaften, das über einen privilegierten Zugang zur eigenen Erfahrung verfügt. Wer wollte, könnte da aufstehen, und sagen: »das stimmt nicht«, »da bin ich anderer Ansicht«. Die einzig noch verbleibende Möglichkeit bietet dann ein Auftritt im selben Modus: »Ich als ...«. Dann wird es oftmals haarig, hoch emotional, und alle Versuche, einen gemeinsamen Gesprächsfaden zu knüpfen, laufen ins Leere. Ende des Gesprächs. »Durch Geschichten kann etwas aufgehen in Menschen, Argumente können das nicht in gleicher Weise bewirken«, lese ich in einer Streitschrift[111] und stoße mich an diesem konstruierten Gegensatz von Herz und Kopf. Bei sich selbst beginnen und das eigene Erleben, wo immer das angeht, anhand von Tatbeständen für andere fasslich machen, diskutierbar, kritisierbar, das könnte doch gelingen.

Im Schlepptau des Ich-als-Modus werden Besitzansprüche formuliert, die über die eigene Erfahrung hinausgreifen und die gesamte Kultur in Beschlag nehmen, der man sich zugehörig weiß. Niemand anderes als man selbst oder die eigene Gruppe gelten als befugt, sich Bestände davon anzueignen, Praktiken, Artefakte, Symbole, und sie auszudeuten, abzuwandeln. Diskriminierung und Ausbeutung werden zum Vorrecht einer derart exklusiven Bezugnahme umgemünzt; der Ahnenpass als Zugangsschranke zum Diskurs.

Fruchtlos ist es, wiederum, auf das Verquere, Vergebliche dieses Ansinnens hinzuweisen, anzumerken, dass Menschen von Natur aus *nachahmende* Lebewesen sind, die gar nicht anders können, als in fremden Revieren zu wildern, aufzugreifen, zu assimilieren, zu modifizieren, was sich an Brauchbarem dort findet. Meist imitierten die unteren Klassen die oberen – innerhalb der von diesen gezogenen Grenzen. Ausnahmsweise und zu ihrem Plaisir drapierten sich die Reichen und Wohlgeborenen als Volk, als Bauern etwa oder Schäfer, und gruselten sich für eine kurze Weile. Bürgerliche hielten den oberen Ständen einen Spiegel vor, portraitierten und persiflierten die Gedanken- und Gefühlswelt von Adel und Klerus und verbrannten sich dabei lieber die Finger, als um Erlaubnis nachzufragen. In postmodernen Zeiten, wo alles beliebig, zum Zitat wird, obliegt die Grenzziehung gefühlspolitischen Erwägungen. Indes: »Im Sozialen geschieht alles als Erfindung und Nachahmung, wobei die Nachahmungen die Flüsse bilden und die Erfindungen die Berge.«[112] Einer der Gründerväter der modernen Soziologie widmete diesem Thema ein ganzes Werk; es sollte zur Entspannung der Besitzreflexe wieder häufiger gelesen werden, speziell von jenen, die »cultural appropriation« tabuisieren möchten.

Kulturelle Aneignung, ein Streitfall. Kulturelle Identität ein weites Feld? Oder ein Niemandsland?

»Es gibt keine kulturelle Identität«, sagt ein französischer Philosoph.[113] Zu sagen, wer man ist, woher man kommt, was einem auf dem Herzen liegt, damit ist es jedenfalls nicht getan. Das Phänomen ist viel facettenreicher, und viele dieser Facetten haben mit Freiheit und Selbstbestimmung wenig zu tun; hier ist Vorsicht geboten.

Da ist die Wissbegier der Institutionen, der Steuerbehörden, Krankenkassen, der Standes- und Meldeämter, da sind die Statistiken zu Einkommen, sozialem Stand, die ungezählten Umfragen zu allem Möglichen. »Identität« als Identifizierung zu Ordnungszwecken, Bewirtschaftung von Unübersichtlichkeit, wahrlich ein weites Feld.

Selbstidentifizierung in der digitalen Moderne erschließt der Auskundschaftung unseres Selbst ganz neue Wege. Wir Spurenleger, im Griff der Suchmaschinen, die uns finden, während wir »nur« suchen; Identifizierung rund um die Uhr,

Konstituierung unserer selbst als Marktsubjekte mit Namen und Adresse; »Identität« als Falle, so wie so.
Da sind wir doch besser gleich doppelt auf der Hut.
Der hat gut gelebt, der sich gut verborgen hat, fand schon Ovid.
Oder Brecht in seinem »Lesebuch für Städtebewohner«:

»Was immer du sagst, sag es nicht zweimal
Findest du deinen Gedanken bei einem andern: verleugne ihn.
Wer seine Unterschrift nicht gegeben hat, wer kein Bild hinterließ
Wer nicht dabei war, wer nichts gesagt hat
Wie sollte der zu fassen sein!
Verwisch die Spuren!«[114]

Bis in die 1980er-Jahre hinein sucht man das Stichwort »Identität« in Enzyklopädien und Wörterbüchern vergebens,[115] dann treibt es aus, wird omnipräsent, ein Fahnenwort, ein Kampfbegriff für kulturelle Emanzipation, gegen Diskriminierung. Es entzieht sich trotz (oder aufgrund?) der Inflation dem schnellen Zugriff. Was und wer man ist, wird überhaupt erst im Verhältnis zu dem fassbar, was man *nicht* ist, was *anders* ist als man selbst, worüber man keine Herrschaft besitzt. Um seiner Identität auf die Spur zu kommen, muss man dem Anderen, Andersartigen dasselbe Recht und dieselbe Freiheit zugestehen, sich praktisch zu entfalten, auszuleben und auszudrücken in der Welt. Gleichheit, Streit der Selbstentwürfe statt Identität mittels Abgrenzung, Abwertung, nur auf diesem Weg begegnet man sich selbst. Wer sich dem Anderen öffnet und aussetzt, erfährt beides: Zuspruch *und* Ablehnung; erst die Bereitschaft, mit diesen widersprüchlichen Signalen klarzukommen, bahnt einem realistischen, robusten Selbstkonzept den Weg.[116]

Vieles spricht dafür, den Aufschwung der exzessiven Sinn- und Selbstsuche als Antwort auf die neoliberale Dekomposition ebendieses Selbst zu deuten. Beide kommen zeitgleich auf und steigern sich aneinander. Dem Selbst dasselbe Schicksal zu bereiten, wie zuvor der Klasse, es zu fragmentieren, in immer neue Verwendungs- und Verfügungszusammenhänge einzugliedern, sodass man am Ende kaum mehr weiß, ob da jemand »Herr im eigenen Haus« ist, darauf zielen sämtliche Prozeduren der Herstellung vermarktlichter Subjekte. Ein Gutteil des Drangs, auszusagen, wer man »ist«, was einen besondert, von allen anderen unterscheidet, erklärt sich aus der vorgängigen Zerstückelung, Entkernung und Funktionalisierung personaler Identität. Soziale *Ent*sicherung als Ursache und Motor kultureller *Ver*sicherung: Da muss doch irgendwo ein Grund, ein Halt sein, ein innerer Damm gegen die Verflüssigung des je Eigenen, dessen Auflösung in das von fremder Hand verfügte Leben.

Schließen wir diesen Themenkreis mit einigen Bemerkungen zur Künstler-Existenz in unseren Tagen. Diese durchlief während der vergangenen zwei, drei Jahrzehnte eine Metamorphose, die dieser Spezies ihren widerspenstigen, Regeln und Normen verlachenden Charakter so ziemlich austrieb. Unterdessen muss man sich auf künstlerischem Feld an Regeln halten, an einen festen Werterahmen, sonst wird es schwierig mit der Schaffensfreiheit. Und nicht nur das. Dem rebellischen Geist des Künstlers droht noch von anderer Seite Ungemach.

»Die aus dem 19. Jahrhundert ererbte Vorstellung, die den Idealismus und die Selbstaufopferung des Künstlers gegen den berechnenden Materialismus und die Arbeitswelt ausspielte (…), hat ausgedient. In Gestalt des fantasievollen, mobilen, hierarchiefeindlichen, sich selbst motivierenden Arbeiters, der sich in einem ungewissen Wirtschaftskontext bewegt und stärker den Risiken der interindividuellen Konkurrenz und den neuen Unsicherheiten der beruflichen Karriereplanung ausgesetzt ist, ähnelt der Künstler in den gegenwärtig vorherrschenden Vorstellungen eher einem möglichen Idealbild des Arbeitnehmers der Zukunft.«[117]

Das Buch, dem diese Gedanken entnommen sind, erschien erstmals in Frankreich in den frühen 2000er-Jahren, und die Entwicklung seither rechtfertigt es, von »Gegenwart« statt von »Zukunft« zu sprechen. »Entfremdung verboten!«, lautet der Wahlspruch des Arbeitnehmers neuen Typs, der seinen Pflichten freiwillig genügt, aus Neigung, und »authentisch« produziert.[118] Das Privileg nicht-entfremdeten Seins wanderte aus der ästhetischen Sphäre in die ökonomische ein, wurde dort funktionalisiert, auf Effizienz getrimmt, und verlor dadurch seinen einstigen Glanz. Im Ethos des neuen Angestellten erwächst dem Künstler eine triumphierende Konkurrenz. Damit nicht genug, durchquert er derweil auch sein ureigenes Terrain in geduckter Haltung, von der Sorge geplagt, irgendwo, bei irgendwem anzuecken, Unmut zu erregen. Vom Künstler erwartet man ja nicht geringere, sondern umfänglichere Ordnungsliebe als von jeder anderen Sozialfigur. Gerade er, sie, sollen mit Vorbedacht zu Werke gehen, jeglichen Anflug von sozialer Normverletzung im Keim ersticken; ästhetische Kreativität im Rahmen moralischer Konformität. Das zeitgenössische Rollenverständnis toleriert Formexperimente, fordert sie. Genregrenzen einzureißen, etwas ganz Neues auf die Beine zu stellen, ist das mindeste, was man vom Künstler verlangt. Nur möge er dabei nie vergessen, dass er auch ein *Bürger* ist, ein Bürger unter Bürgern, respektablen, kosmopolitischen Bürgern. Deren Wertetafel soll er respektieren, unter die Leute bringen, bald beiläufig, bald explizit: Kunst als Stärkungsmittel gegen die Feinde der offenen Gesellschaft.[119]

Der ökonomisch wie sozialmoralisch an die Kette gelegte Künstler hält der offenen Gesellschaft einen Spiegel vor. Freiheitshemmnisse scheinen darin auf, illiberale Bestrebungen mitten unter uns. Die auf ihn niederfahren, wenn er seine Ketten sprengt und widerspenstig auftritt, geschmacklos, unverschämt.

»›Weber-Skandal‹ in Dresden: ›Die Weber‹, ein über 100 Jahre altes Stück des Dramatikers Gerhart Hauptmann, sorgt in Dresden wegen einer gegen Sabine Christiansen gerichteten Textstelle für Aufregung. Das ›Verbot‹ durch ein Berliner Gericht empfinden die Dresdner als Zensur. Aus dem Skandal um Kunst wird ein Kampf zwischen Ost- und Westdeutschland.«

So der Vortext zu einem längeren Beitrag, den *Spiegel Online* am 11. November 2004 veröffentlichte. Er bezog sich auf eine Inszenierung des Klassikers durch Volker Lösch, die kurz zuvor am Dresdner Staatsschauspiel herausgekommen war. Als Hauptakteur des Abends performte ein Chor aus Dresdner Bürgern, in dem Langzeitarbeitslose dominierten. Auf Grundlage eines Textbuchs, das auf einer eingehenden Recherche zur Erfahrung sozialen Ausgeschlossenseins beruhte, prangerten die Laien die rot-grünen Hartz-Reformen an, wetterten gegen die Regierenden und deren »Sprachrohre«, die Journalisten. Volkes Stimme ertönte im Saal, ungeschminkt, auf brüske Art, die den Ton der späteren Pegida-Demonstrationen vorwegnahm. Ein ausgesprochen seltener Vorgang im etablierten Kunstbetrieb, ein Testfall zugleich für die Offenheit der offenen Gesellschaft nach unten hin – mit erwartbarem Ausgang. Eine bekannte Fernsehmoderatorin, die besonders hart angegangen wurde, klagte, andere mehr oder weniger Prominente, gleichfalls angegriffen, sprangen ihr bei, es kam zum Aufführungsverbot. Die späteren Vorstellungen basierten auf einer Strichfassung, deren Einhaltung im Saal verteilte Rechtsanwälte kontrollierten. Testergebnis in diesem wie in ähnlich gelagerten Fällen: »Wichtiger als der Schutz des künstlerischen Werks ist der Schutz des Publikums vor den Zumutungen des Künstlers (…). Nicht obrigkeitsstaatlicher Druck klar benennbarer Institutionen, sondern ein ungreifbarer Druck gesellschaftlicher Kräfte begünstigt eine Praxis der Einengung.«[120]

Zehn Jahre später zogen Frust und Unmut ganz offen durch die Dresdner Innenstadt mit 30 000 Teilnehmern auf dem Höhepunkt der Rallye von Pegida. Das hatte sich angekündigt, das konnte, wer hören wollte, hören. Darüber hätte man öffentlich sprechen müssen, Klartext statt Juristendeutsch, aber dazu fehlte die Bereitschaft, die verbal Attackierten verkrümelten sich hinter Advokaten. Nun ist es wohl zu spät, um den Streit Auge in Auge auszutragen.

Ja, es gibt Bestrebungen, öffentliche, politische Diskurse zu beschneiden, Menschen an den rechten Rand zu drängen oder auszugrenzen, die allzu voreilig als »links« etikettierte Ansichten nicht teilen, und es gibt sie seit Längerem.[121] Zunehmend greift man dabei nicht allein Meinungen und Werke an, sondern diskreditiert die dahinter stehende Person. In eins mit dem Ruf steht dann der Beruf, die Tätigkeit, infrage. »Cancel Culture« nennt man das inzwischen allgemein und begibt sich durch diese Wortwahl selbst auf das Terrain der Abräumer. Eins von beiden, bitte sehr: Canceln oder Culture.

Von einer »linken Gesinnungsdiktatur«, die im Begriff steht, die offene Gesellschaft von innen her zu schließen, sind wir dennoch weit entfernt. Man muss sich schon einer reichlich verdrehten Vorstellung hingeben, um der Bundesrepublik eine notorisch linkslastige Rechtsordnung und eine ebensolche politische Kultur zu bescheinigen.[122] Dazu wurden die Gefahren, die der offenen Gesellschaft von Rechts und von Rechtsaußen drohen, viel zu lange kleingeredet und verharmlost.

INDIVIDUALISIERT EUCH! ALLE!

Die Neue Rechte macht sich den Umstand zunutze, dass zum Individualismus neigende Gesellschaften elementare Bedürfnisse der Menschen unbefriedigt lassen, und punktet mit dem Angebot stabiler, territorial fest umrissener Gemeinschaften. Wer das Angebot annimmt und sich vom Individualismus abkehrt, muss deshalb kein Verächter von *Individualisierung* sein. Die unter Inkaufnahme konformistischer, ausgrenzender Umgangsformen erfolgende Hinwendung zur Wir-Seite der Ich-Wir-Balance kann durch eine systemische Kränkung und Verletzung von Ich-Bedürfnissen bedingt und daher »heilbar«, d. h. korrigierbar sein. Rückruf-, Rückholversuche der »Abtrünnigen«, wollen sie erfolgreich sein, müssen die Individuen als *Individuen* stärken und deren Zusammengehörigkeitsgefühl auf die Erfahrung tatsächlicher Selbstbestimmung gründen. Nicht weniger, *mehr Individualisierung*, und zwar für alle, ist vonnöten, um der offenen Gesellschaften wieder mehr Zulauf zu verschaffen. Sonst gesellen sich zu ihren hauseigenen Risiken selbst verschuldete hinzu, und sie fallen in die Hände von Politikern, die vorgeben, sie vor ihren Fehlentwicklungen zu retten, und sie in Wahrheit zerstören. Rückwärtsgewandte Rückwärtsgewandte Rettungsversuche befinden sich auf dem Vormarsch. »Wir zuerst« lautet der Schlachtruf dieses *reaktionären* Neoliberalismus, der Nationalismus und Ökonomismus miteinander paart, Verträge durch unverhohlene Erpressung ersetzt, alte Feinde und Freunde nach Maßgabe des je eigenen Vorteils umarmt bzw. vor den Kopf stößt. Infolge der Globalisierung zusammengeschrumpfte, ausgemusterte, outgesourcte Industrien werden im Rückgriff auf protektionistische Methoden revitalisiert, ökologische Rücksichten suspendiert. »Jede Arbeit ist besser als keine Arbeit!«, das kennen wir schon, trotzdem funktioniert das immer wieder; lieber ein Notverband als eine unversorgte Wunde.

Sind auch diese Manöver im Wesentlichen Inszenierung, Show? »Von ausgelagerten Fabrikjobs und nicht mehr vorhandenem bezahlbarem Wohnraum bis hin zu beispiellosen Migrations-, Finanz- und Kapitalbewegungen: Der weiße, männliche Ernährer, die Souveränität des Nationalstaats und die lange Zeit unbestrittene amerikanische ökonomische Vorherrschaft sind am Ende. *Diese Entwicklungen lassen sich nicht rückgängig machen.*«[123]

Der von mir kursiv gesetzte Satz resümiert meine Bedenken gegen diese verbreitete Sicht der Dinge. Dass sich die Globalisierung als solche nicht rückgängig machen lässt, trifft zu, erlaubt aber keine Prognose darüber, ob und in welchem Umfang Alleingänge, Ausstiege aus der Interdependenz, die erhoffte Dividende abwerfen oder nicht. Das ist eine Frage, die letztlich nicht von Akademikern, sondern *politisch*, durch Interessen- und Machtkämpfe, entschieden wird. Bewusst gegen den Strom zu schwimmen, das Unmögliche doch möglich zu machen, ist Teil dieser Kämpfe. Den Schachzügen von Akteuren, die sich Verstöße gegen die Spielregeln erlauben können, a priori Aussichtslosigkeit zu attestieren, heißt sich von Wünschen leiten lassen.

Verödende Landstriche, unerschwinglicher Wohnraum, deregulierte Finanzmärkte »nicht rückgängig zu machen«? Das ist nun wieder defätistisch gedacht, globalisierungshörig. Wer die Kontrolle über sein Leben verliert, verfinstert im Gemüt, wenn er erfährt, dass er sich mit diesem Urteil der Geschichte gefälligst abzufinden hat; Einspruch zwecklos. Ein mit dieser Wahrheit Geschlagener wendet sich in seiner ausweglosen Lage den Heilsversprechen moderner Medizinmänner zu. So kommt kein Dialog zustande. Um ihn (wieder) aufzunehmen, bedürfte es keiner nebulösen Versprechungen. *Primat des Lebenszusammenhangs, des sozialen Zusammenhangs vor dem ökonomischen. Investition in diese Primärzu-*

sammenhänge auch, gerade bei brüchiger ökonomischer Grundlage. Anerkennung, Befriedigung (mit)menschlicher Bedürfnisse um ihrer selbst willen: So in etwa ließe sich das Angebot konkretisieren.

Aber widerspricht das nicht der ökonomischen Vernunft in einer marktwirtschaftlich organisierten Gesellschaft, so wie sie auch Popper konzipierte? Stärkung der Individuen, gegebenenfalls auch des »sozialen Umfelds«, in dem sie sich bewegen, ja, aber auf mittlere Sicht sollten sie der Gesellschaft in Form von Arbeit, d. h. ökonomisch auswertbaren Fähigkeiten, zurückerstatten, was sie an Stärkungsmitteln empfingen. Ohne diesen Letztbezug auf den Markt, den ersten Arbeitsmarkt, hinge das ganze Konstrukt in allzu dünner Luft. Zumal in Ortschaften und Gegenden, die im Verlauf weniger Jahrzehnte absehbar fallen und von der Landkarte verschwinden. In die Restbewohner dieser abgehängten Regionen gleichermaßen investieren wie in solche mit Zukunft, hieße, relativ gesehen, sogar höheren Aufwand treiben, unverantwortlichen mit Blick auf den ausbleibenden Ertrag. Sterbende Regionen gab es immer, und es gibt sie heute. Da muss man nüchtern denken, die Kraft besitzen, Mensch und kultivierter Landschaft beim Verschwinden zuzusehen. *Waiting for the desert to come*?

Soziale Integration *ist* ökonomische Integration, baut auf dieser auf, steht und fällt mir ihr; so will es die neoliberale Doktrin. Bis vor Kurzem war diese Ansicht Common Sense unter den Entscheidungsträgern. Das gilt jetzt nicht mehr unumstritten. Was bewirkte den Gesinnungswandel?

Die Zeit für geduldiges Abwarten ist offenkundig abgelaufen. Eine wachsende Zahl von Bürgern, von Wählern, klagt die Bereitstellung öffentliche Güter, Leistungen und Infrastrukturen ein, und akzeptiert nicht länger, dass das nur in dem Maße geschieht, in dem es sich rentiert. Hatten die Optimierungszwänge des neoliberalen Regimes zunächst vor allem die Arbeitswelt erfasst und umgewälzt, so schlugen sie im weiteren

Verlauf unmittelbar auf die alltäglichen Lebensverhältnisse der Menschen durch. Das traf (und trifft) jene mit besonderer Härte, denen zusammen mit der ökonomischen Teilhabe auch die soziale abhandenkam. Aber auch das Leben der Begünstigten erleidet merkliche Einbußen, wenn Schwimmbäder und Bibliotheken schließen, Parkanlagen nicht mehr wie früher gepflegt werden, marode Straßen, Schienenwege und obligatorische Zugausfälle das Reisen beschwerlich machen und leistungsfähige digitale Netzwerke auf sich warten lassen.

Es gab einmal eine Zeit, da übertrafen sich Staat, Stadt und Landkreise gegenseitig in ihrer Anstrengung, flächendeckende Netzwerke materieller wie immaterieller Kommunikation zu schaffen. Bornierte Liberale sprachen in diesem Zusammenhang von »Municipal-Sozialismus«. Dazu lese man einen historischen Kommentar über das Selbstverständnis und die Tatkraft der deutschen Städte im ausgehenden Kaiserreich:

»Die Tätigkeit der Städte nun dehnt sich gewaltig aus, entsprechend wachsen ihre Aufgaben. Zuerst übernahmen auch die mittleren Städte das, was die größeren für ihre stetig wachsende Bevölkerung schon seit der Mitte des Jahrhunderts machten: Straßenpflasterung,- reinigung und -beleuchtung; Bereitstellung ausreichender Krankenhäuser – die Städte werden jetzt Hauptträger des gewaltig expandierenden Krankenhauswesens, Armenhäuser, Schulen. Dann wird die Verbesserung der hygienischen Verhältnisse, die »Stadtsanierung«, eine Hauptaufgabe: Die Wasserversorgung, die Kanalisation, die Müllabfuhr und -beseitigung, die Einrichtung kommunaler Schlachthöfe, die Lebensmittelkontrolle; die Großstädte fangen auch damit – in der Reichsgründungszeit – an, bis zur Jahrhundertwende nehmen das die Mittelstädte auf. Dann kommen Wirtschaftsunternehmen dazu: Häfen und Lagerhäuser vor allem; Sparkassen und Markthallen, später Messen und Ausstellungen, die Friedhöfe, die Parks, ja gelegentlich schon Spielplätze und die weit überproportionale Zunahme kommunaler Bautätigkeit. Schließlich die großen Versorgungsbetriebe der neuzeitlichen Technologien: Gas- und Elektrizitätswerke und -versorgung und die Nahverkehrsunternehmen (...). Schließlich sind noch die Institutionen der städtischen Gesundheits- und Sozialpolitik zu erwähnen – von Krankenhäusern und Armenunterstützung über Gesundheitsämter, Fürsorge und Beratung bis zur Wohnungsinspektion, zum Wohnungsbau für die kommunalen Arbeiter und den Arbeitsnachweisen und Arbeitslosenversicherungen und Notstandsarbeiten, dann die städtische Kulturpolitik – Theaterbetrieb und Museumsgründungen und Büchereien z. B.; das breitet sich gerade im Vorweltkriegsjahrzehnt aus (...). Das Ergebnis ist erstaunlich. Die Städte werden Hauptträger der modernen Daseinsvorsorge, der Leistungsverwaltung. Die deutschen Städte und ihre Entwicklung, das gehört in die Erfolgsbilanz Deutschlands und des deutschen Bürgertums vor 1914.«[124]

1914, 2019. Befragt man heute Menschen in unseren Breiten nach den in ihren Augen dringlichsten Problemen, Notständen, dann nennen sie im gleichen Zuge mit der Umwelt- und der Klimakrise den Verfall kultureller, geselliger, freizeitbezogener, medizinischer sowie verkehrlicher Angebote; dort, wo der wirtschaftliche Aufschwung der vergangenen Jahre kaum spürbar war, sind diese Themen gänzlich prioritär, verbittern die Menschen, empören sie. Dieser Umstand, er allein, weckte die Verantwortlichen aus dem dogmatischen Schlummer neoliberale Antipolitik und zwang sie zum Handeln. Infrastrukturpolitik um des praktischen, alltäglichen Komforts der Bürger willen, mag sie sich »rechnen« oder nicht, mit einem Male wird das denkbar und politisch opportun, womöglich unausweichlich, um regierungsfähig zu bleiben.

Wer seinen Protest gegen die alltägliche Misere rechtsaußen platzierte, könnte sich angesichts erster Erfolge sagen: »Das war offenkundig nötig, die Dinge entwickelten sich zum Besseren, jetzt, endlich, vollenden wir die Wende«. Um die

Neue Rechte in die Schranken zu weisen, muss man den rationalen Kern erkennen (und bergen), der in dieser Logik steckt: Mehr Struktur, mehr soziale Stütz- und Knotenpunkte für gesellschaftliche Teilhabe, für eine gelingende Individualisierung – das vor allem anderen weist den Ausweg aus dem Dilemma von ökonomischer Entkopplung und politischer Empörung.

Aber liegt Infrastruktursozialismus wirklich im Interesse aller? Wie steht es mit den sozial Angekoppelten, den vielfach Vernetzten, den *digital natives*? Brauchen sie Struktur in diesem handfesten Sinn, verlangen sie danach? Die ganze Welt am Netz: Einkaufen, Essensbestellung, Reiseplanung, Austausch von Nachrichten, Filme sehen, Bücher lesen, Kontaktanbahnung, das geht am Rechner, der ist Struktur genug. Aus dieser Lebensperspektive fühlt sich »analoge« Strukturpolitik irgendwie hausbacken an: Überlebenshilfe für die Abgehängten sowie all jene mit überwiegender Offline-Existenz. Das Bedürfnis danach wächst sich aus, irgendwann sind alle »drin« und leben dort. So kann man als urban-vernetzter Single denken. Was aber, wenn man erwachsen wird, eine Familie gründet, Eltern hat, die gebrechlich werden, und fern vom eigenen Wohnort leben? Dann melden sich plötzlich Bedürfnisse, die bis dato schlummerten. Kitas, Schulen, psychologische Beratung, weiterführende Bildungsangebote, Pflegedienste, Hausangestellte, nicht zu vergessen – wozu sich selber um den Kleinkram kümmern, man hat genug zu tun[125] – das wird jetzt alles wichtig. Man tätigt Einkäufe und Bestellungen in der virtuellen Welt, aber irgendjemand muss sie an die Haustür liefern. Oder man vergaß, rechtzeitig zu ordern, was man benötigt, der Kiosk um die Ecke hat geöffnet, rund um die Uhr, und das bleibt so, das ist ja gerade der Reiz urbanen Lebens. Klubs, Restaurants, Szenecafés, Locations für Freizeit und Sport, Ärzte, Therapeuten, Coaches für alle Lebenslagen, schlichtweg unverzichtbar. Simple Verrichtungen, Leute, die sie offerieren, Hausmeister, Handwerker, Putzkolonnen, gar nicht eigens zu erwähnen. Dumm nur, dass sich kaum noch jemand findet, der diese Dienste leistet, weil er sich das Leben in der Großstadt von seinem Lohn nicht leisten kann.

Die Lebensweise der »urbanen Mitte« ist nicht verallgemeinerbar, durchhaltbar nur auf der Jugendinsel und indem man dazu neigt, dem, was andere umtreibt, weniger Bedeutung beizumessen als den eigenen Anliegen, Praktiken, Gewohnheiten. Das Bedürfnis nach Struktur ist Allgemeingut, mag sich die Art der Nutzung, des Zugriffs auf kollektive Güter auch verändern, um neue Möglichkeiten erweitern. Alle müssen dafür aufkommen, ansonsten wird es ungemütlich, und zwar wiederum für alle.

»Gute Regierung« *vor* dem Neoliberalismus war glaubwürdig am Ausgleich großkollektiver Interessen orientiert. »Gute Regierung« *nach* dem Neoliberalismus müsste sich diesem Ziel erneut verschreiben. Um auf der Höhe der Zeit zu operieren, gälte es darüber hinaus, Erbschaften der neoliberalen Ära positiv aufzuheben, d. h. zu vergesellschaften: mehr individueller Eigensinn, höhere Entscheidungsabhängigkeit der Lebensläufe, frei gewählte Bindungen sowie gewachsene Mitwirkungsansprüche.

Ein eigenes Leben führen, »man selber« sein, sozial unangefochten, mit seinen Sorgen und Anliegen politisch wahrgenommen – vielen, auch unter uns, bleibt das versagt. Wie umgehen mit den je Zukurzgekommenen, den »Erniedrigten und Beleidigten«, ihrem Unmut, ihrem Ärger? Sie aus der allgemeinen Willensbildung auszuschließen, das funktioniert nicht mehr. Das System der Repräsentation, das die Klasse der »Nichtrepräsentierbaren« von der Mitbestimmung über ihr Schicksal fernhielt, ist zusammengebrochen. Wie und wodurch das geschah, hat der Politologe Philip Manow so pointiert wie fasslich nachgezeichnet. Der Kontroll- und Bindungsverlust der klassischen Parteien kommt dabei zur Sprache; die Karriere von Parteien und Führern neuen Typs; der

Aufschwung neuer Medien und Öffentlichkeiten; die schwindende Bedeutung von Filtern, institutionellen Praktiken, die Newcomern, zumal Wirrköpfen und »Querdenkern«, den Weg zur Macht verstellten, ihn Konsenskandidaten hingegen ebneten; der »Wiedereintritt des Ausgeschlossenen« in den politischen Prozess in Form antidemokratischer Polemik im Namen der Demokratie. Diese Krise der Repräsentation kann doppelt gelesen werden: als Gefährdung der Demokratie, als Aufbruch in postdemokratische Verhältnisse oder als Eintritt ins Stadium *entsicherter* Demokratien oder, wie Manow vorschlägt, als beides zugleich: »Hierauf zielt die Formel von der Demokratisierung der Demokratie, die damit in Betracht zieht, dass der Streit um die Grenze zwischen repräsentierbar und nichtrepräsentierbar als inhärenter, unvermeidlicher Teil der Demokratie zu verstehen ist und dass sich hier in letzter Zeit die Grenzen verschoben haben ...«.[126]

Im selben Maß und Tempo, in dem diese Grenzen selbst zum Einsatz, zum Objekt und zum Ziel politischer Auseinandersetzungen werden, verwirklicht sich das Wesen offener Gesellschaften: Risikogesellschaften par excellence zu sein, gleichsam unverfälscht, so kommen Begriff und Realität zur Deckung. Nun gibt es keine Haltegriffe mehr, keine Letztversicherung, nichts, das a priori aus dem Streit herauszuhalten wäre, nun verbleibt Gesellschaften dieser Art nur mehr eine Methode, Zweifler auf ihre Seite zu ziehen: Deren Klagen frei von falschem Einverständnis mit den Motiven der Kläger auf den sozialen Grund zu gehen und dadurch, wenn möglich, zu entgiften, wieder und wieder und ohne die Illusion, den harten rechten Kern der Kläger solchermaßen aufzuweichen. Die sich dort versammeln sind ideologisch verhärtet und pfeifen auf Gründe; das Bewusstsein bestimmt das Sein. Anders bei den Menschen im Umfeld. Diese leben mit Vorurteilen, mit Ressentiments, aber nicht *von* ihnen, vielmehr umständehalber, und Umstände sind objektivierbar, veränderbar. Versuche, Individuen aufgrund ihrer irrigen Ansichten vom Diskurs auszuschließen, führen unsere offenen Gesellschaften auf ein totes Gleis. Auch wer nach weit rechts ausschert verbleibt im Spiel um Meinungsbildung, Meinungsführerschaft. Mit einer Feinderklärung ist da nichts gewonnen, die beseitigt wohl eher letzte Zweifel an der politischen Wahl, die jemand in seinem Verdruss über das »Establishment« versuchsweise getroffen hat, und zementiert die Fronten. Dieser unangenehmen Wahrheit sollten die Freunde der offenen Gesellschaft kühl ins Auge sehen.

Das geschieht leider viel zu selten.

Ihre Verlautbarungen ähneln wiederkehrend klinischen Befunden, abgefasst in einem Ton, der unheilbar Kranke brüsk von den moralisch Gesunden trennt, so zum Beispiel:

»Die heutigen ›Wir sind das Volk‹-Rufer (…) haben nichts dazugelernt: Der sich globalisierenden Welt begegnen sie mit aggressiver urvölkischer Einfalt und dem Traum von einem palisadengeschützten Stammesreservat«.[127] Dann sollen die gefälligst auch in ihren Reservaten leben, denkt sich der geneigte Leser und fährt in der Lektüre fort:

»Diese Menschen denken und reden und argumentieren, als ob es kein Außen gäbe. Sie leben nach innen, sie denken nach innen, sie sind individuell regressiv und kollektiv reaktionär. Sie verschenken ihre Zeit, sie vergeuden ihre Chance, weil sie nur in Ablehnung leben.«[128]

Was hätte David Riesman zu dieser beklagenswerten Schwundform seines »innen-geleiteten« Menschen gesagt – der sich im Handumdrehen in sein Gegenteil verwandelt, den »außen-geleiteten« Menschen, der nach Unterwerfung giert? »Das Gefühl, minderwertig zu sein, wird in Allmachtsphantasien umgewandelt – Menschen ohne Inneres sind ständig auf der Suche nach einer höheren Macht.«[129]

So geht das in einem fort mit aus dem Ärmel geschüttelten Diagnosen: »Natürlich suchen die Schwachköpfe von Pegida die Schuld bei den anderen, weil sie eben schwach sind. Aber deswegen müssen doch unsere Medien nicht genau so doof sein«.[130]

Unsere Medien? Offenbar. Denn »die Deutungshoheit, was gesellschaftlich mehrheitsfähig ist in Deutschland, sollten wir uns nicht nehmen lassen«.[131]

Hier die hoheitliche Meinung, verbindlich für alle, die dazugehören wollen, *ex cathedra* in zwei Sätzen:

»Die heutigen Aristokraten sind die Europäer. Die Außengrenzen der EU sind im 21. Jahrhundert das, was zur Zeit Marie-Antoinettes die Ständeschranken waren. Im Grunde leben wir alle im Elysée-Palast. Dem Humanismus des 18. Jahrhunderts treu zu bleiben würde im 21. Jahrhundert bedeuten, in einer globalen Revolution die europäischen Außengrenzen niederzureißen.«[132]

Ein Szenarium für den europäischen Bürgerkrieg als »neuer Humanismus« drapiert; man achte auf das vereinnahmende »Wir«! Ach, Bourdieu, fruchtlos deine Mahnung an die Weltbesorgten, kein Leid gegen ein anderes aufzurechnen:

»Doch indem man die große Not zum ausschließlichen Maß aller Formen der Not erhebt, versagt man sich, einen ganzen Teil der Leiden *wahrzunehmen* und zu verstehen, die für eine soziale Ordnung charakteristisch sind, die gewiß die große Not zurückgedrängt hat (allerdings weniger als zuweilen behauptet wird), im Zuge der Ausdifferenzierung aber auch vermehrt soziale Räume (spezifische Felder und Sub-Felder) und damit Bedingungen geschaffen hat, die eine beispiellose Entwicklung aller Formen kleiner Nöte begünstigt haben.«[133]

Und was hättest du einem Architekten mit auf den Weg gegeben, der offene Städte lobpreist – »Die offene Stadt ist eine permanente Anstrengung, weil sie nicht nur Heterogenität und Andersartigkeit zulässt, sondern die dadurch entstehenden Konflikte und Reibungen aushalten, austragen, abpuffern muss«[134] – und das urbane »Gemetzel« im finanzialisierten Kapitalismus keines Wortes würdigt?

UNKLARE ALLIANZEN

»Es sieht so aus, als desorganisiere der Kapitalismus nicht nur sich selbst, sondern gleichzeitig auch seine Gegenkräfte, wodurch er diese der Fähigkeit beraubt, ihn entweder zu überwinden oder, alternativ, zu retten. Damit der Kapitalismus sein Ende findet, muss er deshalb selbst für seine Zerstörung sorgen – und genau das erleben wir heute.«[135]

Haben die auf neoliberale Weise offenen Gesellschaften ihren Zenit überschritten? Dümpeln sie fortan im Krisenmodus vor sich hin? Litt die Glaubensbereitschaft der Bürger irreparablen Schaden? Oder ist es für Abgesänge noch zu früh?

An die Regierenden glauben bedeutet nicht, ihre Behauptungen, Ankündigungen und Versprechungen für wahr zu halten; es bedeutet, ihnen die Kraft zum Regieren zuzutrauen. Regierende verspielen dieses Kapital, sobald sie beim Publikum den Eindruck hinterlassen, den Ereignissen hilflos ausgeliefert zu sein, das Heft des Handelns nicht mehr in der Hand zu haben, bald vorzupreschen, bald ängstlich vor den Konsequenzen ihres Tuns zurückzuschrecken. Wird dergleichen ruchbar, zerbröckelt die Aura der Amtsgewalt: Die Sachwalter posieren nackt, waren es vielleicht seit je, doch plötzlich sieht es jeder, und weil es jeder, jede sieht, gelingt es jenen immer schlechter, die Blöße zu bedecken. Die Unsicherheit der Regierenden wächst weiter, das Zutrauen der Regierten sinkt im selben Zuge, wie es seine Oberen von Tag zu Tag ratloser sieht, die Abwahl naht.

Dies vor Augen, muss man den Regierenden großes taktisches Geschick im Umgang mit Krisen attestieren. Am jüngsten Desaster des Finanzkapitalismus erheblich mitverantwortlich, wendeten sie eine »Kernschmelze« des politischen Systems, die durchaus in der Luft lag, instinktsicher ab. Nach kurzem Schock ergriffen sie die Flucht nach vorn und etablierten ein aktivistisches Regime. Ein Krisengipfel folgte dem anderen, der Tross zog um den ganzen Globus, die Nacht wurde zum Tage, und so, von rastloser Arbeit gezeichnet, als todmüde Retter vor dem Äußersten in jeweils letzter Stunde, traten die Regierungschefs und Finanzminister vor die Kameras. Wohl lief man hinterher, doch lief man schnell, je mehr man hinterherlief, desto schneller. Ein beherzter Läufer auf der falschen Bahn verdient sich höhere Achtung als einer in der Spur, der nicht in Tritt kommt. Der Schein eines Primats der Politik wurde aufrechterhalten, und dies, obwohl die Maßnahmen, die es verkündeten, das glatte Gegenteil davon vollstreckten, den Primat der Wirtschaft. Um jeden Eindruck von Häme zu zerstreuen: Die »Retter« *waren* todmüde, sie tagten bis zur Erschöpfung; Politiker in verantwortlicher Position verschleißen ihre Gesundheit; ihr Pensum ist enorm.

Die Regierenden sind müde, nicht am Ende. Die Verteidigung der neoliberalen Weltordnung hat sie einige Kraft gekostet. An ihrem Willen, künftige Krisen der Kapitalherrschaft mit denselben Methoden und im selben Rahmen zu bewältigen, besteht kein Zweifel.

Die Mandatsträger ignorieren die An- und Absichten des »Volks« – unter Verhältnissen, die diesem periodisch die Möglichkeit eröffnen, sich zu rächen, neue Regierende zu wählen, womöglich gar Repräsentanten aus seiner Mitte. Wie ist das möglich? Eine noch heute erwägenswerte Antwort auf diese Frage gab vor mehr als zweihundertfünfzig Jahren David Hume in seinem Essay *Über die ursprünglichen Prinzipien der Regierung* (*Of The First Principles Of Government*). »Nichts«, so schrieb er dort, »erstaunt jene, die sich mit den menschlichen Angelegenheiten gründlich beschäftigen, in höherem Maße, als die Leichtigkeit, mit welcher sich die Vielen von den Wenigen beherrschen lassen. Wenn wir näher untersuchen, was dieses Wunder bewirkt, finden wir, dass sich die Regierenden gegen die Macht der großen Zahl auf nichts weiter stützen können als auf die Meinung. Darin, in Meinung allein, gründet die Regierung. Diese Maxime erstreckt sich auf despotische und gewalttätige Regierungsformen ebenso wie auf die freien und volkstümlichen.« Auch auf diesem Gebiet zeigen sich Ermüdungserscheinungen, formieren sich Gegenkräfte, die die Meinungshoheit der herrschenden Gruppen unterwandern. Loyalität und öffentlicher Gehorsam der Bürger sanken; ein wirklicher Umschwung, der das politische Handeln auf ihre Bedürfnisse vereidigte, blieb jedoch aus.

Und die »Waffen der Kritik«? Die sind in Ermangelung grundlegender, zugleich realistischer Alternativen zum Bestehenden etwas stumpf geworden. »Nirgends kommt es zu einer Wirkung, immer nur wieder zu einer ›Kritik‹; und die Kritik selbst macht wieder keine Wirkung, sondern erfährt nur wieder Kritik. Dabei ist man übereingekommen, viele Kritiken als Wirkung, weniger als Misserfolg zu betrachten. Im Grunde aber bleibt selbst bei sotaner ›Wirkung‹ alles beim Alten: Man schwätzt zwar eine Zeit lang etwas Neues, dann aber wieder etwas Neues und tut inzwischen das, was man immer getan hat.«[136]

Die Rüstkammern des neoliberalen Regimes sind längst nicht leer geräumt. Differenzierung, Diversifizierung allüberall. Ganz, wie man derweil sein Auto bis in die Nuancen selber baut (virtuell, versteht sich, nun ist es wirklich einzigartig, eigentümlich in des Wortes respektierlichster Bedeutung), konstruiert man seinen Bildungsweg, seine Art der Vorsorge für Alter, Krankheit, Tod. Dank eines wahren Hechtsprungs von der Metaphysik zur Postmoderne vollzogen die Institutionen den Anschluss an die gewandelten Selbstverständlichkeiten der offenen Gesellschaft. Strikt angebotsorientiert, auf Effizienz geeicht, ähneln sie Konsumpalästen zum Verwechseln und überblenden, dass zuletzt stets der Klassengeschmack die Auswahl trifft.

Institutionelle Individualisierung wäre ein passender Begriff für diesen Vorgang, Er versetzt Schulen, Universitäten,

Kliniken, Pflegeheime, Versicherungen, Behörden in die Lage, mit je ihrem Bildungs-, Heilungs-, Dienstekatalog auf Kundenfang zu gehen. Wer mehr Nutzer an sich bindet, profitiert, wer leere Plätze, Stühle oder Betten meldet, erleidet Einbußen. Der Mix aus Autonomie und Kommerzialisierung wirkt sich in der Praxis widersprüchlich aus. Mit der Vermarktlichung der Angebote infolge *Benchmarking, Reengineering, Best Practices* vergrößern sich die individuellen Wahlchancen, die sozialen Unterschiede ebenso; wer Extras wünscht, muss extra zahlen. Die Zone privater, exklusiver Nutznießung gesellschaftlich erzeugter Güter weitet sich. Und die Politik gerät aus der Schusslinie möglicher Kritik; jeder wählt das Seine. Der Prozess der institutionellen Individualisierung individualisiert die notwendige Kritik an ihm gleich mit, sperrt sie in Schachteln mit verschlossenem Deckel ein.

Die Wurzeln des neoliberalen Regimes reichen tief in die Gesellschaft der Individuen, in deren Habitus hinein, man hege diesbezüglich keine Illusionen.

Rückblick Juli 2010: Die Hamburger Bürger haben entschieden und dem Volk eine Abfuhr erteilt. Zur Wahl stand eine Verlängerung der Grundschulzeit. Die schwarz-grüne Regierung hatte ein Gesetz geschrieben, das sechs Jahre gemeinsamen Lernens für zweckmäßig und zumutbar erklärte. SPD und Linke unterstützten das Vorhaben, die Mehrheit der Urnengänger votierte dagegen, übertraf mühelos das Quorum und entkernte die Reform. Übrig bleibt die Hülle: Zusammenlegung von Haupt- und Realschule, zusätzliche Lehrer, kleinere Klassengrößen; ein recht kompakter Rest, wozu lamentieren? Zeigte die Kampagne gegen den Reformkern doch zudem, was Bürger, wenn sie sich zusammenschließen, gegen das politische Establishment erreichen können. Bei näherer Prüfung gibt der Erfolg der Widersacher mehr zu denken als zu freuen. Die Chancen plebiszitärer Kampagnen steigen im direkten Verhältnis zur Ressourcenstärke der sie tragenden

Akteure. Öffentlich das Wort ergreifen, und zwar medienkompatibel, Abseitsstehende, noch Zögernde mobilisieren, Spenden eintreiben und effizient verwenden, Schwachstellen des Kontrahenten schnell erkennen, Rechtsmittel einlegen, wenn dieser justiziable Fehler macht – das sind Lieblingsdisziplinen der *proper citizens*, der sozialen Mitte, der »bürgerlichen« Bürger. In *diesen* Kreisen spielte die Musik, pro oder kontra. Das Volk stand abseits. »Während in Nobelstadtteilen wie Blankenese oder Othmarschen mit Arbeitslosenquoten um die zwei Prozent weit mehr als jeder Zweite seine Stimme abgab, war es in manchen sozial schwachen Bezirken gerade mal jeder Fünfte. Politische Partizipation hängt vom Bildungsstand ab – und die entscheidet über nichts Geringeres als das Gelingen unserer Demokratie.«[137]

Jene, die von einem positiven Votum am meisten zu erwarten hatten, engagierten sich am wenigsten. Unter den gegebenen Verhältnissen bekräftigt die direkte Demokratie die vorausgesetzten gesellschaftlichen Ungleichheiten. Unmittelbar aufgefordert, für oder gegen die Reform zu stimmen, lag den Stimmberechtigten eine viel grundsätzlichere Frage zur Entscheidung vor: Wollt ihr die soziale Klassentrennung schulisch verewigen oder um ein Geringes mildern? »Ungleichheit *forever!*«, sagten im Stillen 276 000 propere Hamburger, freuten sich öffentlich des guten Ausgangs für die bessere Sache, und rümpften auf dem Heimgang ihre feinen Nasen. Ausgangs- und Endpunkt dieser Mobilmachung bilden die Villa und das Eigenheim. Selten war es greifbarer: das Oben-Mitte-Bündnis gegen die da unten. Auch ein Jahrzehnt später scheint die Mitte zum Seitenwechsel nicht bereit.

Hamburg ist die Regel, die kaum Ausnahmen kennt. Nach dem Mord an dem Schwarzen George Floyd in Minneapolis demonstrierten Hunderttausende weltweit gegen Rassismus. Die Vereinigten Staaten bildeten das Epizentrum der globalen Protestwelle mit New York als Hauptschauplatz.

Schwarze, Weiße, Latinos demonstrierten Hand in Hand. Zur selben Zeit ereignete sich in dieser Metropole ein Kampf um die Privilegien der weißen Mittelschicht. Im Fokus der Auseinandersetzung standen die Schulen, der Zugang zu Bildung, die Rassentrennung von Kindesbeinen an. Die »guten Schulen« errichten seit je Barrieren gegen die Schützlinge aus Unterschichtfamilien. Sie müssen Tests durchlaufen, später entscheiden Notendurchschnitt und Auftreten über den weiteren Bildungsweg. Nach endlosen, leeren Versprechungen New Yorker Bürgermeister, diesem Dauermissstand abzuhelfen, wollte der Schulkanzler der Stadt die Corona-Krise für einen neuen Anlauf nutzen, die Zugangsprozeduren demokratisieren, umkämpfte Schulplätze sogar durch eine Lotterie vergeben. Daraufhin geschah das Erwartbare:

»Der Aufschrei ließ nicht lange auf sich warten. Ein Verein namens PLACE New York, eine Abkürzung für Parent Leaders for Accelerated Curriculum and Education, der sich für Test und Aufnahmekriterien einsetzt, erklärte, man habe 1.000 Eltern befragt und 98 Prozent seien dafür, dass Noten bei der Aufnahme eine Rolle spielen sollen.

Bei Zoom-Konferenzen bestürmten Eltern die Vertreter der Schulbehörde, auf keinen Fall auf die Auswahlkriterien zu verzichten. (…) Sie stimme voll mit der Forderung nach mehr Gerechtigkeit für Minderheiten und den Protesten überein, betont eine Mutter zweier Kinder. ›Aber auf diese Weise zerstören wir die guten Schulen, die wir uns aufgebaut haben.‹ Besser wäre es, fügt sie hinzu, dafür zu sorgen, dass die restlichen Schulen besser werden.«[138]

Die offene Gesellschaft als Kopfgeburt der weißen Mittelschicht: Sobald es praktisch wird, regelt die Apartheid von Besitz und Bildung die Verhältnisse. *Critical Whiteness?* Workshop-Palaver, ein Sprachspiel mehr im Köcher der Privilegierten, das die Klassen- und Schichtgebundenheit vielfältiger Diskriminierungserfahrungen vernebelt[139] und die Underdogs aller Hautfarben mit ausgebreiteten Armen von den

Fleischtöpfen fernhält. Die einfachen Leute sollen es besser haben, bessere Schulen, bessere Wohnungen, bessere Arbeit. Dann hätten sie Grund zu bleiben, wo sie sind: in ihrer Hemisphäre und also außen vor. Genau so denkt man im gemeinen Volk über Schutzsuchende, die an die Außentore klopfen und wird dafür ob seiner Seelenlosigkeit gerüffelt.

Das neue Kleinbürgertum hat dem alten einiges an Gelassenheit, aber auch einiges an Zynismus voraus.

Wie also weiter? Revolutionäre Veränderung ohne gemeinsames Aufbegehren, auf leisen Sohlen? Das ist der Grundtenor radikaler Kapitalismuskritik heute, so zum Beispiel: »Die Ära des Kapitalismus geht ihrem Ende entgegen – nicht im Eiltempo, aber unvermeidlich.« Mit diesem Satz beginnt einer der jüngeren Bestseller von Jeremy Rifkin *Die Null-Grenzkosten-Gesellschaft. Das Internet der Dinge, Kollaboratives Gemeingut und der Rückzug des Kapitalismus.*

Der deutsche Untertitel gibt die Intention des Autors missverständlich wieder. *Eclipse of Capitalism* heißt es im Original, und das bedeutet so viel wie »Verfinsterung«, »Verdunkelung«, nicht »Rückzug«, sondern »Zurückdrängung« des Kapitalismus durch das Umsichgreifen einer anderen Art zu leben und zu produzieren.

»Kollaborative Commons« bilden die Embryonalform der neuen Gesellschaft: »Das Internet der Dinge (IdD) wird eines Tages alles und jeden verbinden, und das in einem integrierten, weltumspannenden Netz. Natürliche Ressourcen, Produktionsstraßen, Stromübertragungs- und logistische Netze, Recyclingströme, Wohnräume, Büros, Geschäfte, Fahrzeuge, ja selbst Menschen werden mit Sensoren versehen, und die so gewonnenen Informationen werden als Big Data in ein globales neurales IdD-Netz eingespeist.«[140]

Die Freiheitsproblematik? Keiner Sorge wert: »Heute kratzt das im Aufbau begriffene Internet der Dinge Schicht um

Schicht an den Einhegungen, die die Privatsphäre sakrosankt gemacht haben, zu einem Recht, das ganz oben steht, gleich neben dem Recht auf Leben, Freiheit und dem Streben nach Glück. Für eine jüngere Generation, die in einer global vernetzten Welt aufwächst, in der eifrig jeder Augenblick des eigenen Lebens gepostet und mit der Welt geteilt wird (...), hat die Privatsphäre viel von ihrem Appeal verloren. Für sie ist Freiheit nicht an Autonomie gebunden (...). Das Merkmal der jüngeren Generation ist Transparenz, ihr Modus operandi die gemeinsame Arbeit, und ihre Persönlichkeit findet ihren Ausdruck durch Peer-Produktion in lateral skalierten Netzwerken.«[141]

In seinem Roman *The Circle* entwirft der US-amerikanische Schriftsteller Dave Eggers denselben Vernetzungs- und Transparenzfuror als schwarze Utopie der nahen Zukunft. Wer sich weigert, gleichgültig, ob Normalbürger oder politischer Repräsentant, »transparent zu werden« und mit einer kleinen, allzeit online gestellten mobilen Kamera herumzulaufen, wird gemobbt, aus der Gesellschaft ausgeschlossen oder in den Tod getrieben.

Bei Rifkin und Co. sind die neuen Menschen bester Dinge. Sie produzieren materielle Güter in eigener Regie, erwerben ideelle Güter zu stark herabgesetzten Kosten via Internet, wenden sich ab vom Besitz, teilen Autos, Wohnungen, selbst Kleidung, und tauschen, was sie noch benötigen, miteinander aus; Endspiel der Lohnarbeitsgesellschaft, Endspiel der kapitalistischen Marktwirtschaft. Nur geht die schöne Rechnung nicht auf, selbst dann nicht, wenn man Rifkin auf seinem Weg folgt. Gesetzt, der Kapitalismus würde durch kollektive Eigenproduktion weitreichend substituiert, so wäre diese Produktion, von den Anschaffungskosten für die 3-D-Alleskönner einmal abgesehen, recht aufwendig. Was unten wächst, muss oben reingegeben, zuvor am Markt erworben werden, das ist bei kleiner Stückzahl kaum rentabel. Die kommoden »Prosumenten« werden des Weiteren essen, trinken, wohnen, mobil sein müssen, verreisen wollen, auch in der realen Welt. Geselligkeit jenseits des Bildschirms, außer Haus, mit Freunden in der Kneipe, im Restaurant, das kostet Geld wie der Kulturkonsum im öffentlichen Raum, desgleichen Kinder, die man großzieht.

Woher nehmen die aus der kapitalistischen Marktwirtschaft Ausgewanderten die Mittel zu alldem? Kein Wort dazu. Die dazu komplementäre Frage, »was passiert, wenn so wenige Menschen erwerbstätig sind, dass es nicht mehr genügend Käufer für all die Produkte und Dienstleistungen der Anbieter gibt?«, beantwortet sich für Rifkin von allein: Dann müssen sich die Unternehmer eben mit einem »schwindenden Kundenstamm« begnügen, auf die Produktion ausschließlich solcher Güter verlegen, die hohe Investitionen erfordern und genügend Rendite versprechen. Die Naivität dieser Ansicht hindert Rifkin daran, ernstlich zu erwägen, dass das dominierende System kollabieren könnte, ehe hinreichend Ersatz geschaffen ist.

Seine Naivität ist geteilte Naivität, Grundzug des »revolutionären Reformismus«:

»Die Informationstechnologie führt uns in ein postkapitalistisches Wirtschaftssystem (…). Es ist durchaus möglich, die Elemente des neuen Systems innerhalb des alten zusammenzufügen. Diese Elemente sind bereits vorhanden: die Kooperativen, die Genossenschaftsbanken, die Peer-Netzwerke, die Unternehmen, die ohne Management auskommen, und die Parallelwirtschaft der Subkultur (…). Diese vernetzten Bewegungen sind ein Beleg dafür, dass es ein neues historisches Subjekt gibt. Dieses Subjekt ist nicht einfach die Arbeiterklasse in neuem Gewand: Es ist die vernetzte Menschheit.«[142]

Von der neoliberalen Antipolitik zur technoiden Postpolitik – da halte ich es doch lieber mit Poppers philosophischem Intimfeind Hegel:

»Es gibt keinen Sprung in der Natur, wird gesagt; und die gewöhnliche Vorstellung, wenn sie ein Entstehen oder Vergehen begreifen soll, meint es damit begriffen zu haben, daß sie es als ein allmähliches Hervorgehen oder Verschwinden vorstellt. Es hat sich aber gezeigt, daß die Veränderungen des Seins überhaupt (...) ein Anderswerden, ein Abbrechen des Allmählichen und ein qualitativ Anderes gegen das vorhergehende Dasein ist.«

Lenins begeisterter Randkommentar an dieser Stelle seiner Hegel-Lektüre: »Sprünge!, Sprünge!, Sprünge!«.[143] Die Geschichte macht Sprünge, sofern ihr jemand auf die Sprünge hilft ...

DIE ÖFFNUNG NACH VORN

Abbrechen des Allmählichen, Engagement für ein qualitativ Anderes – selten schien das dringlicher als gegenwärtig, wo das gedeihliche Fortleben der Menschheit selbst infrage steht. Dass die Kette der Generationen nicht abreißt, dass andere nach uns kommen, morgen und in ferner Zukunft, bildet den zumeist impliziten Bezugsrahmen für die Sinnhaftigkeit unseres persönlichen Daseins. Entfernen wir diesen Rahmen, gerät dieser Sinn ins Wanken, und vieles von dem, worauf wir unsere Energien und unseren Ehrgeiz richten, wird hinfällig, weil seiner Anschlussfähigkeit beraubt. »In dieser ganz konkreten Hinsicht bedeutet den Menschen das kollektive Leben nach dem Tod mehr als das persönliche.«[144]

Die Vorstellung eines nahenden Endes aller menschlichen Belange rückt diesen Zusammenhang ins allgemeine Bewusstsein. Mit dem Willen gepaart, das Ende abzuwenden, zumindest auf unbestimmte Zeit zu vertagen, könnte Neues daraus erwachsen, eine verhaltenswirksame Umwertung der Werte. Seit Längerem im Gang, gewinnt sie derzeit an Kontur. Objekte, Praktiken des guten, komfortablen Lebens für alle – Autos, Flugzeuge, Kreuzfahrtschiffe, die an sie gebundene Mobilität – verlieren sichtlich an Prestige. Wer sich ihrer (gedankenlos) bedient, muss mit Missbilligung rechnen, wird, wenn er daran festhält, mit Verachtung bestraft. Ende der Unschuldsvermutung auch bei Konsum-, Ess-, Kleidungsgewohnheiten, bei Müllanfall und Müllentsorgung: Gefragt, gefordert ist Achtsamkeit, die niemals schläft. Kinder, Jugendliche, junge Erwachsene, überwiegend weiblich und aus gutem Haus, treiben die Älteren vor sich her, finden deren Zuspruch, sofern auch diese in der Mitte der Gesellschaft siedeln.

Die weiter unten halten sich zurück. Die Unbedingtheit, mit der die Forderung nach einer allumfassenden Verhaltenswende auf sie niederfährt, verstört sie. »Autofreie Innenstädte! Ausstieg aus fossilen Energien! Hohe Treibstoffsteuern! Ökologische Landwirtschaft! Fleischverzicht! Und das sofort!«: Das bisweilen militante Ansinnen, ihr bisheriges Leben als falsches wahrzunehmen und radikal umzukrempeln, überfordert ihre Anpassungsbereitschaft, die Ressourcen ihrer Anpassung. Wohl sitzen alle im selben Boot, aber die Lasten des Umsteuerns wiegen auf den Ruderbänken schwerer als oben auf dem Ausguck. Mentale, politische Lagerbildung, Gegeneinander statt Miteinander, Richtungswechsel aus dem Stand vs. weiter so, auf Sicht, gemessenen Schrittes.

Vieles spricht gegen eine Umkehr jetzt und sofort, schon gar weltweit.

Gerade Staaten mit hohem Kohlenstoffdioxidausstoß blockieren die internationale Kooperation und liefern Schwellenländern einen Vorwand, abzuwarten. Durchaus verständlich aus deren Perspektive. 80 Prozent der bis heute angefallenen atmosphärischen Vergiftung gehen auf das Konto der wirtschaftlich fortgeschrittenen Gesellschaften. Um diese Schuld abzutragen, müssten sie dem Rest der Welt kräftig unter die Arme greifen, finanziell und technologisch, doch die Schuldner zögern. Allein gelassen setzen die Nachzügler in ihrer Entwicklung weiter auf fossile Brennstoffe – rein ökonomisch gesehen eine rationale Strategie. Dank neu entdeckter Vorkommen sowie neuer Fördermethoden sind Kohle, Öl und Gas auf lange Sicht verfügbar und gemessen an den Kosten für einen Umbau der energetischen Basis ausgesprochen preiswert. Den Treibstoff der Moderne künstlich zu verteuern oder ganz aus dem Verkehr zu ziehen können sich beim jetzigen Stand der Dinge, wenn überhaupt, nur reiche Länder leisten. Und selbst diese tun sich schwer, die Wende zu vollbringen oder auch nur glaubhaft einzuleiten.

Offene Gesellschaften statten die Individuen mit umfänglichen Freiheits- und Einspruchsrechten aus, setzen, besonders in ihrer neoliberalen Spielart, auf Marktmechanismen und scheuen ordnungspolitische Eingriffe. Produzenten und Verbrauchern mit Weisungen, Vorschriften und Verboten auf den Leib zu rücken, gilt als Rückfall in planwirtschaftliche Lenkungsmethoden. Man bepreist die Umweltlast von Waren und Dienstleistungen oder den Energieverbrauch ganzer Wirtschaftszweige auf eine Weise, die weder das Wachstum, noch Beschäftigung, noch den Konsum auf Talfahrt schickt, kompensiert »soziale Härten«, und das aus einem ernsten Grund. Die Leidtragenden des neoliberalen Ungleichheitsregimes sind aufgebracht genug, weitere Sonderopfer können das Fass zum Überlaufen bringen, siehe die Gelbwesten-Proteste in Frankreich oder die gewaltsamen Proteste 2019 im Iran. Steigende Brotpreise, steigende Spritpreise – andere Zeiten, andere Schwellenwerte als Auslöser von Unruhen, Aufständen – doch dieselben Ursachen. Wer nichts zuzusetzen hat, muss sehen, wo er bleibt, Kuchen essen oder in den Vororten müßiggehen, wenn er sich das Brot oder die nächste Autofahrt zum Arbeitsplatz nicht leisten kann.

Um mit diesem Snobismus im Klimanotstand zu brechen, müssten die Regierenden an einem Grundpfeiler von Poppers »offener Gesellschaft« beherzt rütteln: am privateigentümlichen Umgang mit den Schätzen und Ressourcen des Planeten, am Wachstumsfetisch, an der Schadensabwicklung zu Lasten der Allgemeinheit. Angezeigt wären die Umwälzung der Kosten auf die Hauptverursacher der globalen Klimakrise, auf die »Carbon Majors«, die schmerzhafte Besteuerung der IT-Konzerne sowie der Superreichen, die Schließung sämtlicher Steueroasen, die Demontage der militärisch-industriellen Komplexe sowie das Einschmelzen der Ideologie des freien Marktes als Antwort auf das Schmelzen der Gletscher. Das fordert der radikale Flügel der Green-New-Deal-Bewegung[145] und kratzt an der Systemfrage.

Realpolitisch gilt der Grundsatz, der schon für die Finanzkrise galt: Der Markt löst die Probleme, die der Markt erzeugt. Ein stets noch expandierendes Angebot für die Substitution bedenklicher durch »grüne« Produkte hält den Konsum auf hohem Niveau und beschert den Erzeugern wachsende Gewinne; der Wertewandel muss sich rechnen. »KAUFT WENIGER!«, forderte die Bio Company auf einer Klimademo in Berlin und warb derart für mehr Konsum in ihren Läden. Am Horizont winken gänzlich neue Märkte, *Geoengineering* heißt das Zauberwort: »Beeinflussung der Sonneneinstrahlung (durch Beförderung reflektierender Partikel in die Stratosphäre, Weltraumspiegel, Abdeckung von Wüsten), CO_2-Bindung (durch Eisendüngung der Meere, ›Klimafarming‹, neue, genmanipulierte Organismen oder die CO_2-Abscheidung und -Speicherung direkt am Kraftwerk) und direkte Eingriffe in das Wetter (durch künstliche Wolken und Beeinflussung von Stürmen)«. Die Regulierung wird vertagt auf morgen, oder übermorgen, die Emissionen steigen weiter, die Verwertung der Krise geht in eine neue Runde.[146]

Abwehr politischer Eingriffe mittels Ausweitung der Güter, die einen Preis bekommen, weil sie knapp und schützenswert sind, derselben Güter, die das Kapital als Gratisgaben der Natur behandelte, vernutzte, selbst verknappte, die Kosten dafür externalisierte, nun seinem Kreislauf einverleibt, »Gleichsetzung von Krankheit und Arznei«, wahrlich ein Glanzstück neoliberalen Krisenmanagements.[147] Dass die tatsächlichen Kosten von Umweltschäden gar nicht beziffert werden können, weil sie zumeist nicht strikt lokalisierbar sind, mit anderen Schäden zusammenfließen, überregionale, globale Dimension gewinnen und zudem noch künftige Generationen belasten, bleibt bei dieser Art Verrechnung selbstverständlich außer Acht. Die Vermarktlichung der Krise macht staatliche Interventionen überflüssig, ruft die Verbraucher in die Pflicht, sensibilisiert sie für Umsicht im Umgang mit Ressourcen, für Mülltrennung und Recycling, injiziert ihnen ein schlechtes

Gewissen, da sie aus eigener Kraft die Kluft zwischen Ist und Soll nie schließen können: »Mikroreform des individuellen Verhaltens als Alternative zum politischen Engagement«.[148]

Die Uhr der ökologisch verschuldeten Menschheit tickt unablässig weiter. Im Jahr 2019 fiel der »Welterschöpfungstag«, an dem die Ressourcen verbraucht sind, die innerhalb eines Jahres nachwachsen können, auf den 29. Juli, so früh wie nie seit 1970. Den Schuldendienst einfach einzustellen kommt anders als bei einzelnen Staaten nicht in Betracht, ebenso wenig Rückerstattung im klassischen Sinn. Folgten ökologische Schuldverhältnisse dem Muster ökonomischer Schuldverhältnisse, wären die Verbindlichkeiten um einiges leichter abzutragen, abzuwickeln.

Aber so verhält es sich nicht. Das Projekt einer *politischen Ökologie* laboriert an ungelösten Autoritäts- und Zurechnungsproblemen. Der Gläubiger, der unsere Schulden eintreiben könnte, ist weder eine juristische noch eine natürliche Person. Er existiert in Gestalt unserer kollektiven Kinder und Kindeskinder, noch gar nicht geborener Generationen, und mit denen verbindet uns kein Vertragsverhältnis, kein wie immer gearteter Erzwingungsmechanismus. Da ist kein Richter mit Vollzugsgewalt, der uns sanktioniert und pfändet oder einsperrt, wenn wir die Außenstände nicht durch *Verzicht* begleichen. »Uns aus dem Elend zu erlösen können wir nur selber tun!« »Wir?«. Die Arbeiter-Internationale? Die »vernetzte Menschheit?« Oder doch die Jungen mitten unter uns?

Noch ist die Menschheit ein imaginäres Subjekt. Die Wahrscheinlichkeit, dass die allen gemeinsamen Lebensbedingungen zu einer nachhaltigen Gemeinschaftlichkeit der Ziele und des Handelns führen, ist nicht sehr hoch. Aber man sollte nicht zu pessimistisch sein. Weder wird unsere Zeit ausschließlich von rückwärtsgewandten Vorstellungen beherrscht, noch geht es allein darum, »man selbst zu sein und sein Ding zu machen«.[149] Seit eine unscheinbare, introvertierte 15-Jährige im

August 2018 vor dem schwedischen Parlamentsgebäude einsam für eine radikale Wende der Klima- und Umweltpolitik demonstrierte, geriet einiges in Fluss. Inzwischen greifen Hunderttausende in Städten rund um dem Globus diese Forderung auf und machen klar: Uns bekommt man nicht mehr von der Straße. Angesichts des beharrlichen (wenn bislang auch nicht allzu fantasievollen) Protestes haben die Regierenden einen schweren Stand. Gesetze, Maßnahmen zum Schutz der Umwelt, die noch vor Kurzem Aufsehen erregt und Zustimmung erfahren hätten, enttäuschen nunmehr die Erwartungen, werden als mutlos, als gänzlich unzureichend kritisiert.

Das wird so weitergehen, und das ist um unser aller Zukunft willen zu begrüßen. Wir stehen am Rand der Katastrophe, haben die »Komfortzone« bereits verlassen, Endzeitstimmungen breiten sich aus: »Erde an Erde: Ende Erde«.[150] Die Öffnung nach unten demokratisierte die offene Gesellschaft, die Öffnung nach innen zivilisierte, individualisierte sie, was jetzt ansteht, ist die Öffnung *nach vorn*.

Um zu gelingen, müsste sie dem Grundsatz der beiden vorhergehenden Öffnungsschübe – mehr Gegenseitigkeit – die Treue halten und zugleich einen neuen Partner ins Spiel bringen: die außermenschliche Natur. Gerade weil diese keine Stimme, keine Handhabe besitzt, sich gegen Ausbeutung zu wehren, müssten *wir* »das Mandat des bedrohten Erdsystems« selbst übernehmen und uns auf eine Wirtschafts-, auf eine Lebensweise verpflichten, die mit der Regeneration unserer natürlichen Lebensgrundlagen vereinbar ist. Ein »Naturvertrag«, darauf ausgerichtet, »das Wenige an gemeinschaftlichem Reichtum, das die hemmungslosen Beutezüge neoliberalistischer Eigentumspolitik noch nicht ihrer Verwertungslogik unterwerfen konnten, vor der Privatisierung zu bewahren«,[151] das wäre der erste Schritt, um »Verantwortung für die Kommenden zu übernehmen, Ungeborene zu beerdigen«.[152]

Am 29. November 2019 war globaler Zählappell pro oder kontra Weltrettung. Kurz vor Beginn der UN-Klimakonferenz in Madrid mobilisierte Fridays for Future seine Anhängerschaft in 2400 Städten in 157 Ländern rund um den Erdball. Die jährliche Heerschau der Konsumisten aller Länder, *Black Friday*, fiel auf denselben Tag – Shops und Malls wurden geflutet, als gäbe es kein Morgen.

Die offene Gesellschaft zeigte ihren Januskopf, dort ihr Antlitz, hier ihre Fratze.

Druck machen, seine Stimme erheben, ziviler Ungehorsam für eine bessere Welt – was wäre offenen Gesellschaften angemessener? Stünde jemand wie Popper heute an der Seite der Jugendlichen und jungen Erwachsenen? Ihre Absichten hätte er wohl unterstützt, ihre Ziele gutgeheißen. Aber die Methoden, die Grundhaltung des Aufbegehrens, hätte er mit Sicherheit missbilligt. Neue Propheten wären das in seinen Augen gewesen, keine Feinde der offenen Gesellschaft, aber Leute, die man genau im Auge behalten müsste. Deren Abkehr von der Sozialtechnologie der kleinen Schritte zugunsten eines großen Sprungs ohne Vorkehr für absehbare Nebenfolgen – höchst problematisch. Erst recht die Einberufung von »Bürgerversammlungen« mit dem Ziel, Beschlüsse zu fassen, die die Regierungen dann nur mehr zu vollstrecken hätten. Das ganze System der institutionellen, rechtlichen, prozeduralen Vermittlung politischer Willensbildung, einfach ausgehebelt. Stattdessen alle Macht der Wissenschaft, den unbestreitbaren Wahrheiten, Expertenherrschaft. Keine Zeit, kein Raum, kein akzeptabler Grund für Bedenken, Widerspruch, für Meinungsstreit.[153] Die Öffnung nach vorn mittels Schließung offener Gesellschaften für jedermann, Inbesitznahme derselben durch Eingeweihte, Wissende, die neue Avantgarde – ein hoher Preis für einen guten Zweck, zu hoch.

So etwa hätte Popper wohl geurteilt, denke ich, zu Besonnenheit gemahnt und wäre beiseitegeschoben worden. Das menschengemachte Drama nimmt seinen Lauf, die Zeit, es aufzuhalten, schwindet, womöglich ein evolutionärer Nachteil offener Gesellschaften, die ausgesprochen zeitaufwendig operieren, und ein Vorteil für Staaten, in denen sich der politische Wille zum Umsteuern an der Machtspitze versammelt. Und ein Anreiz, wer weiß, es diesen nachzutun, um die Katastrophe doch noch abzuwenden. »Souverän ist, wer über den Ausnahmezustand entscheidet« – dass dieser Kernsatz der Liberalismuskritik von Carl Schmitt im Kontext der galoppierenden Klimakrise vermehrt Zustimmung findet, könnte in diese Richtung weisen. Noch aber ist der Vorhang nicht gefallen, der Streit in vollem Gang, der Ausgang offen.

30 JAHRE DANACH

Berlin Alexanderplatz, November 2019. Abend. Nasskalt. Menschen versammeln sich in der Nähe der Weltzeituhr. Vor ihnen Bühnen. Bands treten auf. Spielen ein paar Songs, dann kommen neue. Gemischtes Publikum, Ostler, Westler, Touristen aus aller Welt. Gute Stimmung trotz des Nieselregens. Die Musik gefällt. Auf die beiden Häuser des Architekten Peter Behrens werden bewegte Bilder vom 89er-Aufbruch projiziert und von einigen Umstehenden kommentiert. Wortfetzen aus einer Gruppe heraus ganz in der Nähe. »Wo genau ... damals ... an welcher Stelle?« »Direkt vor der Tribüne, auf der die Redner standen.« Was die wohl noch erinnern? Welche der vielen Reden? Die von Heiner Müller? Gar nicht so verkehrt, was der damals gesagt hat, oder? Der Regen verstärkt sich, die Gruppe löst sich auf. Mein Blick trifft das Haus des Lehrers und ruft eine andere Erinnerung wach. Dort hatte das Bezirksamt Mitte am 4. November 1999 ein riesiges Plakat enrollen lassen, das fast die gesamte Fassade dieses Vorzeigebaus der ostdeutschen Architekturmoderne verdeckte. »Wir waren das Volk«, stand darauf in großen Lettern. Die Kongresshalle gleich nebenan lud zu einer öffentlichen Diskussion unter dem Thema: »Skepsis bleibt die erste Bürgerpflicht«. Das fanden manche ungehörig, ärgerlich, dem feierlichen Anlass nicht gemäß, wie Müllers Rede seinerzeit.

Das »Volk«, das gibt es wieder. Heiterkeit und Zuversicht gingen verloren. Es kommt jetzt grimmig daher. Verbissen. Altdeutsch. Und war sich seiner selbst als ein ganz anderes Volk doch schon bewusst geworden, öffentlich, an selber Stelle, drei Dekaden früher.

Ach.

Brandenburger und Sachsen haben gewählt. Kein Weltereignis, auch keine großen Überraschungen im Ergebnis. Rund jeder Vierte entschied sich für die AfD, die nun zweitstärkste Kraft in diesen Bundesländern ist. »Wir sind gekommen, um zu bleiben«, triumphierte der sächsische Spitzenkandidat am Wahlabend, und seinen Worten darf man Glauben schenken. Umso mehr, als Wahlanalysen doch einen neuen Trend zutage förderten: Jung- bzw. Erstwähler verteilten sich in hohem Maße auf die Grünen, das war schon bei früheren Wahlen zu beobachten, erstmals aber auch auf die AfD. Da wächst sich offenbar so leicht nichts aus. Von außen und innen auf die Probe gestellt, ist die Zukunft der offenen Gesellschaft alles andere als gesichert. Sie offen zu halten, weiter zu öffnen, dazu könnte gerade der Angriff von innen einen entscheidenden Anstoß geben.

In der Vergangenheit waren Zäsuren, Metamorphosen der offenen Gesellschaft, stets an krisenhafte Prozesse geknüpft. Diese reiften zunächst im Verborgenen heran, lösten Suchbewegungen aus, man diskutierte Vorschläge, ergriff Maßnahmen, um der Krisen Herr zu werden, ohne den konzeptionellen Rahmen zu verlassen, der sie verursachte. Das ging so weiter, bis der Punkt erreicht war, der eine Umkehr erzwang. Unversehens fanden sich die Kontrahenten von gestern im selben Lager wieder, in dem der »Erneuerer«, drangen, wie im letzten Drittel des 19. Jahrhunderts, auf eine Abkehr von der markttradikalen Spielart der offenen Gesellschaft oder, wie seit den 1980er-Jahren, auf deren neoliberales Update. Stehen vielleicht auch wir inmitten einer Zäsur, eines Umschwungs, diesmal zum Besseren, aufgrund des immensen Problemdrucks, trotz aller Widerstände: *Wieder*entdeckung der Gesellschaft als einer Realität für sich; Abnabelung elementarer (mit-)menschlicher Bedürfnisse vom Ausweis ihrer Profitabilität; treuhänderische Reorganisation unseres Naturverhältnisses?

Die Gefährdungslage bleibt virulent. Auch Polen hat gewählt. Die regierende PiS ging gestärkt aus der Abstimmung hervor, verzeichnete gleichfalls Zugewinne bei jüngeren Wählern, in Warschau und in anderen größeren Städten. Teils zogen die nationalistische Programmatik, die Ausfälle gegen alles ethnisch und kulturell »Wesensfremde« auch in diesen Altersgruppen. Teils fanden Wähler dieser Kohorten naheliegende Gründe für ihre Entscheidung zugunsten der neuen »Staatspartei«, die Rechtsprechung und Medien als ihre verlängerten Arme betrachtet. Steuersenkungen für junge Erwachsene, damit warben die Regierenden, zudem mit höheren Renten, einer nochmaligen Aufstockung des Kindergeldes. Das wirkte. Umso durchschlagender, als die PiS ihre sozialstaatlichen Wahlzusagen der vorausgegangenen Kampagne Punkt für Punkt eingelöst hatte. National-sozial, das Patentrezept der Rechtspopulisten, das macht sie populär.

Revolutionärer Aufbruch ohne Erbschaft. Postdemokratischer Liberalismus, illiberale Demokratie, zwei Regime, die seit 1989 aufeinander antworten, einander ablösen. Das Projekt der Linken, die ökosoziale Demokratie, kommt nicht recht vom Fleck. Katzenjammer an diesem Frontabschnitt. Eintrübung der Hoffnung auf eine Wende zum Besseren.

Wie schnell das doch geht. Im Sommer 2019 war nicht nur hierzulande die Zukunft auf der Straße. Ein Jahr darauf zogen Hygiene-Demonstranten und Kritiker der Corona-Politik in einem Sommer des Missvergnügens durch den öffentlichen Raum.

Im ersten Teil seiner Thesen »Über den Begriff der Geschichte« erzählt Walter Benjamin von einem Automaten, der jeden Zug eines beliebigen Schachspielers so gekontert hätte, dass er die Partie gewann. Dieses Wunder bewirkte ein Zwerg im Inneren des Apparats, ein Meister dieses Spiels. Unsichtbare Schnüre führten von ihm zur Hand einer Puppe, die vor dem

Schachbrett saß und die Züge ausführte. »Zu dieser Apparatur kann man sich ein Gegenstück in der Philosophie vorstellen«, fährt Benjamin fort. »Gewinnen soll immer die Puppe, die man ›historischen Materialismus‹ nennt.«

Das war einmal. Heute sind es die neoliberalen Denkfabriken, denen man diese Rolle zuschreibt. Um keine Antwort verlegen, ihren Kritikern stets ein paar Schritte voraus, zähmten sie den Widerstand der Subjekte nachhaltig, schlössen sie von innen, womöglich ein für allemal, an den Kreislauf der Ware mit der Ware an. Ob als Produzent, als Konsument, als Schuldner, in ihrem Verhältnis zum eigenen Körper, zur Natur, zu Mitbewohnern dieser Erde – die Individuen seien auf Kurs gebracht, kreisten weltvergessen um sich selbst. Autonomie, Freiheit, Urteilsvermögen, aufgesogen allesamt, existent nur mehr als Luftspiegelungen des lückenlos in sich geschlossenen neoliberalen Gesamtzusammenhangs.

Nun soll man seinen Gegner niemals unterschätzen. Aber man sollte ihm auch keine Allmacht attestieren. Beim Blick auf die Verhältnisse in den Vereinigten Staaten und Großbritannien, wo der Neoliberalismus seine Herrschaft zuerst antrat und exzessiv auslebte, kann einem der Mut schon sinken. Die meisten Boten, die die Schreckensnachricht überbringen, tieftraurig über ihre Rolle, leben dort. Wenn ich ihre Schriften lese, kommt mir wenig in den Sinn, was ich mit der Aussicht, sie heiterer zu stimmen, zu entgegnen wüsste. Lege ich sie aus der Hand, meldet sich, verzagt erst, dann bestimmter, ein »Trotz alledem!«, und ich denke an die Worte von Norbert Elias aus unserem bereits erwähnten Gespräch. Die fortbestehenden, auf Lösungen, Entladungen drängenden Konflikte unserer sozialen Welt sind darin ebenso aufgehoben wie die Erfahrungen von 1989:

»Die Geschichte entspricht selten den menschlichen Wünschen, aber es liegt im Bereich der menschlichen Kraft, sie diesen Wünschen entsprechender zu machen.«

Dem hätte Popper, dessen Werk Elias nicht sehr schätzte, aus ganzer Überzeugung zugestimmt.

Und dies noch: Es ist ein performativer Widerspruch, zu behaupten, es gäbe keinen geistigen Ort außerhalb des »Systems« und genau diesen Umstand ausführlicher Kritik zu unterziehen. Ohne jeden Glauben an die »Möglichkeit einer Insel«, mag sie noch so klein sein, entstünde keine einzige Zeile. Es fehlte schlicht und einfach am Motiv, zu schreiben. Warum also Menschen mit einem praktischen Verhältnis zur Welt absprechen, was man auch für sich in Anspruch nehmen muss, um nicht in dauerhaftes Schweigen zu verfallen?

POSTSCRIPTUM: LOCKDOWN.
DIE OFFENE GESELLSCHAFT GEHT VIRAL

Dann kam Covid-19 und unterwarf die offene Gesellschaft einer schweren Prüfung. »Die Unterbrechung« betitelte Mark Siemons einen Beitrag für die *Frankfurter Allgemeine Sonntagszeitung* zu diesem Thema und schrieb: »In ruhigen Zeiten kann man die Gewohnheiten des Lebens mit dem Leben selbst verwechseln. Das geht jetzt nicht mehr: Die Corona-Pandemie stellt Selbstverständlichkeiten der Gesellschaft in Frage.«[154]

Das ist der springende Punkt. Die Voraussetzung schlechthin aller Selbstverständlichkeiten, das Weiter so des Handelns und Erlebens, urplötzlich ausgehebelt. Weiter, ja, aber nicht *so*. Prüfen, Verwerfen von Üblichkeiten, Verbindlichkeiten, Verabredungen. Die Gegenwart zog ihren Zukunftsschatten ein. Von Tag zu Tag griff die Krisenpolitik auf immer entferntere Vorhaben zu und legte sie still. Die Systemrelevanz der Tätigkeiten zog einen Trennstrich zwischen denen, die jenseits der Routine weitermachen (mussten), und Millionen anderer, die zwangsweise pausierten. Was seit der Flüchtlingskrise den Menschenrechten geschah, widerfuhr nun den Bürgerrechten in Form von äußeren und inneren Grenzschließungen, der Aufhebung von Reisefreiheit, Bewegungsfreiheit, Versammlungsfreiheit, durch Ausgangssperren, Leben in der Quarantäne unter polizeilicher Kontrolle, digitales *supervising* als moralische Bürgerpflicht; Hauptsache gesund. Fantasien radikaler Umweltaktivisten vom Durchregieren unter Anleitung der Experten wurden im Kampf gegen den unsichtbaren Feind ohne nennenswerten Widerspruch verwirklicht.

Der Ausnahmezustand rechtfertigte umfassende Eingriffe in das Wirtschaftsleben. Einkommen ohne Arbeit wurde staatlich garantiert, Sozialtransfers weiter gezahlt, ohne deren Empfängern eigens auf den Zahn zu fühlen. Kündigungsschutz für Mieter, die in Verzug geraten: im Eilverfahren durchgewunken. Rührte der vom Berliner Senat beschlossene Mietendeckel zur Milderung der ganz alltäglichen Wohnungsnot nicht noch soeben an den Fundamenten unserer Rechtsordnung? Das Bürgerbegehren zur Enteignung großer privater Wohnungsgesellschaften, gleichfalls ein Berliner Gewächs, fand sein Echo in der Ankündigung der Bundesregierung, Unternehmen, die ins Visier von Hedgefonds geraten, kurzfristig zu verstaatlichen. Berliner Courage nun auch im Machtzentrum von Stadt und Land! Bedarf und Bedürftigkeit entschieden auch über Weiterführung oder Abbruch der Geschäfte. Liquidität über den Tag hinaus garantierte in der jetzigen Lage nur mehr die öffentliche Hand durch das Versprechen unbeschränkter Gewährleistung von Zahlungsfähigkeit: *Whatever it takes.*

Infolgedessen löste sich der Gebrauchswert von Gütern und Dienstleistungen ansatzweise von ihrem Tauschwert, ihrer Verwertbarkeit und das Geld (partiell) von seiner Kapitalfunktion, Rendite abzuwerfen. In seiner Eigenschaft als Zirkulations- und Zahlungsmittel ölte es die Liefer- und Versorgungsketten, so gut es eben ging. Über Leichtigkeit, Schnelligkeit, Ausmaß und Fraglosigkeit *dieser* Unterbrechung der Normalität wird noch lange nachzudenken sein. Am besten fangen wir jetzt schon damit an, packen die Verhältnisse an der Wurzel und schicken die bürgerliche Zwangsehe von Einkommen und Lohnarbeit zur Feier der »neuen Normalität«, auf die wir uns zubewegen, in den verdienten Ruhestand.

Es wäre ein enormer Freiheitsgewinn, von dem alle profitieren, wie das jüngste Experiment in Finnland ein weiteres Mal erkennen lässt.

Dort erhielten zweitausend Langzeitarbeitslose für zwei Jahre 560 Euro ohne Bedingungen und Gegenleistungen; Zuverdienst war abzugsfrei möglich, Wohngeld exklusive. Ein kleiner Personenkreis, eng bemessene Zuwendung, kurze Laufzeit – und dennoch ein Erfolg. Einige machten sich in dieser

Zeit selbständig, andere fanden Anschluss an den ersten Arbeitsmarkt, aber das war nicht der Haupteffekt. Dieser bemaß sich in einer stark wachsenden Bereitschaft zu ehrenamtlicher Tätigkeit wie der Betreuung von Angehörigen, sowie, wichtiger noch und in Zahlen nicht ausdrückbar, in einem rasanten Aufschwung an Selbst- wie an Sozialvertrauen. »Wer Geld vom Staat kriegt, ist weniger gestresst. Mental haben sich die Menschen viel besser gefühlt«, resümierte die Leiterin den Feldversuch,[155] und ergänzte: »Weil sie wegen der finanziellen Sicherheit besser vorausplanen konnten, hatten sie mehr Vertrauen in ihre Zukunft. Aber auch in ihre Mitmenschen, in die Politiker und staatliche Behörden (...). Sie hatten mehr das Gefühl, ihre Zukunft in der Hand zu haben und sinnvolle Dinge tun zu können.«

Was wäre wünschenswerter als eine solche Entwicklung? Wie jemand die offene Gesellschaft verteidigen, für sie streiten und dieses Instrument pauschal verwerfen oder als »Abwrackprämie« denunzieren kann,[156] ist mir seit Jahr und Tag ein Rätsel.

Wie sich der Ausbau des Sozialeigentums weiter vorantreiben ließe, in Richtung auf einen »partizipativen Sozialismus«, entwickelte der französische Ökonom Thomas Piketty in seinem jüngsten Buch. Über frühere Überlegungen zu einer progressiven Erbschafts- und Einkommenssteuer hinausgehend stellt er darin eine substanzielle, jährliche, wiederum progressive Besteuerung des Eigentums selbst zur Diskussion. Ein globales öffentliches Finanzkataster setzte Staaten und Steuerbehörden in die Lage, alle notwendigen Informationen über die Finanzaktiva der jeweiligen Letzteigentümer miteinander auszutauschen. Wer sich der Besteuerung entzöge, würde mit einer Exit Tax belegt. Jeder junge Erwachsene erhielte eine großzügige Kapitalausstattung, wodurch am Sockel der Verteilungshierarchie mehr Eigentumsgerechtigkeit entstünde, die Eigentumskonzentration an der Spitze schwächer würde. Zuzüglich erweiterter Mitbestimmung in den

Unternehmen gelangte man so »zu einem Eigentumssystem, das mit dem Privatkapitalismus, wie wir ihn heute kennen, nicht mehr viel gemein hat und eine ganz reale Überwindung des Kapitalismus darstellt«.[157]

Sozialismus mittels Verallgemeinerung der Quintessenz des Kapitalismus, des privaten Eigentums – das ist nicht revoluzzerhaft, sondern knüpft vielmehr an die sozial- und wohlfahrtsstaatlichen Reformen seit dem Ende des 19. Jahrhunderts an und denkt sie weiter. Wie immer man über Pikettys Vorschläge urteilen mag: Die Eigentumsfrage ist eine der Kardinalfragen offener Gesellschaften und verdient weit höhere Beachtung, als sie in einschlägigen Diskursen üblicherweise erfährt.

Dasselbe gilt für den Zusammenhang von Bürger, Mensch und Arbeiter.

»Recht auf menschenwürdiges Leben!« »Recht auf gute Arbeit!«: hier scheiden sich die Geister der Sozialkritik. Die eine Losung sprengt den Rahmen der Lohnarbeitsgesellschaft, die andere bleibt ihm verbunden. Dass sich 3000 Intellektuelle in einem Manifest zur Zukunft der Arbeit soeben und in bester sozialökologischer Absicht auf die konservative Formel verständigt haben,[158] auf (sinnvolle) Arbeit für alle, ist betrüblich, unterstreicht die Macht der Vergangenheit selbst über jene Köpfe, die Zukunft denken wollen. Mit Forderungen aus dem Arsenal der klassischen Arbeiterbewegung kommt man da nicht allzu weit.

Was in der Krise und im Zuge der Maßnahmen zu ihrer Bewältigung grell aufschien, war der Nationalstaat als Brennpunkt politischer Handlungsfähigkeit. Nationalstaaten bilden noch immer die umfassendsten soziopolitischen Einheiten, mittels derer Konsens auch über die Einschränkung individueller Freiheiten hergestellt werden kann. Nur sie (und ihre Untergliederungen) können den Einzelnen Verbote, Lasten, Verzichtsleistungen dieser gravierenden Art auferlegen, auf Einhaltung zählen oder sie erzwingen. Sie allein können in

Notlagen, die die Kräfte der Bürger wie ihrer freiwilligen Zusammenschlüsse übersteigen, Gesellschaft als Gemeinschaft inszenieren, Erfahrungen und Erzählungen mobilisieren, die die Menschen ermutigen, aktivieren und an ihre Grenzen gehen lassen. Staaten, wer sonst, retten Banken, Unternehmen der Realwirtschaft, vor dem Ruin, stabilisieren den Arbeitsmarkt, verschulden sich zu diesem Zweck, beugen dem Absturz der Börsen vor, schützen Millionen von Bürgern bei schweren Rezessionen vor Verelendung. Offene Gesellschaften erfolgversprechend, weil einvernehmlich, einfrieren und schrittweise wieder auftauen – das vermögen einzig mit dem Mandat der in ihrem Einzugsbereich lebenden Bürger ausgestattete Autoritäten.

Dass die Nationalstaaten irreversibel, teils von lokalen, teils von transnationalen Instanzen aufgesogen würden, dafür lieferte der Corona-Testlauf keinerlei Belege, im Gegenteil. Die Kritik an ihrem »Vorpreschen«, am neuen Isolationismus angesichts der Pandemie verwechselt Wunsch und Realität, überschätzt die appellative Kraft und affektive Resonanz dieser Handlungsebenen im neuralgischen Moment des Umschaltens von Weiter so auf Alarmierung.

Der hinterlistige Erreger evaluierte die Intensität und Verlässlichkeit von Wir-Bindungen, und zwar unparteiisch. Selbst die Trauer hüllte sich in Tücher mit den Landesfarben ein. Italiener, Franzosen, Spanier zählten mit Bestürzung ihre vielen Toten. Niemand zählte die Toten Europas. Zu ihnen allen »unsere« zu sagen, lag wohl emotional (noch) nicht nahe genug.

John Maynard Keynes Fazit aus dem Staatsversagen in der ersten Weltwirtschaftskrise von 1929 trifft nach wie vor ins Schwarze jeglichen Krisenmanagements in Zeiten existenzieller Bedrohung:

»Während daher die Ausdehnung der Aufgaben der Regierung (…) einem Publizisten des neunzehnten Jahrhunderts oder einem zeitgenössischen amerikanischen Finanzmann als ein schrecklicher Eingriff in die persönliche Freiheit erscheinen würde, verteidige ich sie im Gegenteil, sowohl als das einzige durchführbare Mittel, die Zerstörung der bestehenden wirtschaftlichen Formen in ihrer Gesamtheit zu vermeiden, als auch als die Bedingung für die erfolgreiche Ausübung der Initiative der Einzelnen.«[159]

Dieselben institutionellen Akteure, die den Notbetrieb offener Gesellschaften organisieren, gewährleisten auch deren Normalbetrieb. Staaten, Bundesländer, Kommunen sorgen für befriedete Sozialräume, für Strom, trinkbares Wasser und Verkehr, für den unbedenklichen Verzehr von Nahrungsmitteln, den Betrieb von Krankenhäusern, Schulen und Kultureinrichtungen. Sie schaffen einen auf das Staatsbürger- und Wahlrecht gegründeten gemeinsamen politischen Raum, in dem sich Minderheiten Mehrheiten in der Erwartung beugen, selbst mehrheitsfähig werden zu können; das offene Geheimnis friedlicher Machtwechsel. Dass Milliarden von Menschen auf diesem Globus ihren Geschäften und Interessen nachgehen, sich gefahrlos von einem Ort zum anderen bewegen können, ist diesen zumeist geräuschlos erbrachten Vorleistungen zu danken, und wo sie fehlen, spricht man zurecht von »failed states«. Globalisierung ist kein Hüpfen von Transit zu Transit, sondern wesentlich ein von Staaten und deren Vereinbarungen ermöglichter Weltverkehr. Je mehr sich die Handlungsketten verlängern und verzweigen, desto größere Bedeutung gewinnen diese strukturierten Räume für das störungsfreie Ineinandergreifen ihrer Glieder. Im Störfall zeigt sich die Verwundbarkeit der einzelnen Staaten, und dann liegt es wiederum an ihnen, aus »patriotischen«, biopolitischen Erwägungen in diese Abläufe einzugreifen, Unternehmen zu beauftragen oder unter Rückgriff auf kriegswirtschaftliche Methoden anzuweisen, lebensnotwendige Güter in Reichweite herzustellen.

Offene Gesellschaften ohne Territorium, ohne jede staatliche Souveränität, wären eine leichte Beute für den »Universalismus der Märkte«, um so mehr, als die von der entgrenzten Marktlogik Deklassierten und Ausgeschlossenen an niemanden mehr appellieren könnten, der gezwungen wäre, ihnen zuzuhören. Ihr Klage verhallte im Weltinnenraum des Kapitals.

Das alles muss einem nicht gefallen, aber man kann es konstatieren, ohne in Nationalismus, in Autoritarismus abzugleiten. Die Befürchtung, dass Notstandsgesetze und -verfügungen die Bedingungen überdauern, die sie hervorriefen, ist nur allzu berechtigt. Die Zentralisierung von Entscheidungsbefugnissen weckt Begehrlichkeiten, sie beizubehalten, wenn das Schlimmste überstanden ist; ein Problem besonders für föderal verfasste Gemeinwesen. Die Pandemie ist auch eine Bewährungsprobe für die Lebendigkeit offener Gesellschaften, für die Entschlossenheit der Bürger, jedwedem Versuch die Stirn zu bieten, Freiheitsbeschränkungen über Gebühr zu verlängern. Dem Freiheitswillen der Individuen grundsätzlich zu misstrauen, in ihren mühsam erkämpften demokratischen Errungenschaften wenig mehr zu erblicken als einen dünnen Firnis über ihrem eingefleischten »Herdentrieb«, den das Virus neu belebt, ist Ausdruck intellektueller Selbstgerechtigkeit: Kleinmütig, unterwürfig, feige sind immer die anderen.

Autokratischen Regimes lieferte der »Krieg« gegen das Virus willkommene Argumente zum forcierten Ausbau des Kontroll- und Überwachungsstaats; die Führer illiberaler Demokratien sahen sich durch diesen Eindringling in ihrem Feldzug gegen alles Fremde, von außen Kommende, die Gemeinschaft Zersetzende bestätigt und posierten ein weiteres Mal als Vorkämpfer globaler Gefahrenabwehr.

Die Abschottung der Staaten nach außen und innen, unumgänglich zur Eindämmung des Virentransports, blockierte die nicht minder notwendige Kooperation und Hilfe über Ländergrenzen hinweg, ohne die der Pandemie nicht beizukommen ist. Aus der engstirnigen Selbstsorge heraus- und zur Kooperation zurückzufinden, liegt im vitalen Interesse der Nationen. Nachbarn, Partner in der Not im Stich zu lassen, das reißt Wunden, die so bald nicht heilen werden.

Der Kummer vieler über die zögerliche *europäische* Antwort auf die Bedrohung kann aber auch ermutigend gedeutet werden: als Ausdruck eines über die Jahrzehnte mählich gewachsenen Zusammengehörigkeitsgefühls, als Kritik an den Staatslenkern, nach Finanzkollaps und Flüchtlingskrise eine weitere Chance vertan zu haben, diese Wir-Einheit gestärkt aus gemeinsamer Not hervorgehen zu lassen.

Für Monate an den Rand des Geschehens gedrängt, fassten die Populisten dann wieder Tritt. Dabei knüpften sie an die Sorgen, die sozialen Ängste an, die sich mit fortdauernder Schließung gerade jener bemächtigten, auf die sie zählen: Mittelständler, kleine Handels- und Gewerbetreibende, Kurzarbeiter, krisenbedingt Entlassene oder von Entlassung Bedrohte. Ziviler Protest gegen das Corona-Regime landauf, landab, nach Art der Pegida-Aufzüge kam tatsächlich ins Laufen, trieb Spott mit amtlichen Warnungen – »Wir sind die zweite Welle!« – und mündete in Forderungen nach dem Rücktritt der Regierenden.

Die grassierende Ungleichheit stellte die modernen Lohnsklaven weltweit vor die Wahl, bei fortdauerndem Lockdown zu verkümmern oder unter hoher Infektionsgefahr irgendwie am Ball zu bleiben. Vielfach gab, wie in den Frühzeiten des Kapitalismus, die Existenznot den Ausschlag, und so begehrten gerade die Elenden gegen eine erzwungene Ruhe auf, die doch ihr Leben schützen sollte. Demagogen instrumentalisierten die Erpressung durch die Umstände, befeuerten das Aufbegehren: lauter anständige Leute, die arbeiten wollten, aber von Virologen und einfältigen Politikern, die ihnen Glauben schenkten, zu ihrem Nachteil wie zu dem der Wirtschaft insgesamt in ihrem Schaffensdrang behindert wurden. Die guten Armen würden eben niemals krank, falls doch einmal, genäsen sie sehr schnell und zeigten sich bereit, von Neuem anzupacken. Marktradikaler Proletkult, Zynismus als politisches Geschäftsmodell – das ist die menschenverachtende, lebensbedrohliche Facette rechtspopulistischer Regierungskunst.

Muss man befürchten, dass die langfristigen Folgen der viralen Krise im Verein mit wieder durchlässigeren Außengrenzen und steigendem Migrationsdruck die Neue Rechte am Ende sogar stärken?

Das liegt im Bereich des Möglichen. Auch darum wäre eine konsequente Gemeinwohlorientierung der Post-Corona-Politik so wichtig. Wird es, anders als nach dem Absturz des globalen Finanzsystems, dazu kommen? Damals lag der Fokus auf der sparwütigen »Konsolidierung« der öffentlichen Haushalte vermittels Stellenabbau in öffentlichen und sozialen Diensten, der Ausweitung des Profitmechanismus auf Krankenhäuser, Pflege- und Altenheime mit außertariflicher Entlohnung des Personals. Von heute aus gesehen ist unschwer zu erkennen, dass diese Art der Krisenlösung die Ausbreitung von Covid-19 begünstigte. Die exorbitante Staatsverschuldung, wie gehabt, auf die Masse der Normalbürger umzuwälzen, zuzüglich einer eisernen Austeritätspolitik, die die öffentlichen Investitionen gegen alle Vernunft herunterfährt und Gebühren sowie Abgaben erhöht, das käme einer geradezu mutwilligen Aufwiegelung der Leute gleich.

Ein kampfloses *Reset* marktschnittiger Politik steht vermutlich nicht bevor. Im Zuge der Überwindung der Corona-Krise wird die ökologische auf die Tagesordnung zurückkehren und Debatten über die Zukunft des »Maßnahmenstaats« auslösen. Diese allein mit dem Verweis auf sakrosankte Eigentums- und Freiheitsrechte abzuwiegeln, dürfte kaum verfangen. Dazu sind die beiden Krisen einander viel zu ähnlich, zu ernst und angstbesetzt. Erst recht, wenn sie sich mit zunehmender Zeitdauer verzahnen und gegenseitig hochschaukeln. Und bei allem Schrecken, den das Virus verströmt: Das globale *downsizing* von Industrie, fossiler Energiegewinnung und Verkehr schlug bei Klima und Umwelt positiv zu Buche.

Diese Systeme wieder auf den vormaligen Stand hochzufahren oder darüber hinaus, um die Verluste wettzumachen: »Wachstum!«, »Wachstum!« – großen Flug-, Kreuzfahrt- und Reisegesellschaften sowie der Automobilwirtschaft kam der Glaube daran schnell abhanden. Dass eine Abwrackprämie für Autos aller Antriebsarten anders als 2009 diesmal weder in Frankreich noch hierzulande politisch mehrheitsfähig war, zeugte von einem gesellschaftlichen Sinneswandel, der auf mehr abzielt als nur auf den je persönlichen Vorteil. Eingefleischte Überzeugungen gerieten da ins Wanken. Zur Scham von Minderheiten, falsch zu leben, gesellte sich die ausgreifende Furcht vor dem Leben selbst, seinen Unwägbarkeiten, und verstärkt den Trend einer besorgteren, umsichtigeren Daseinsführung.

Bezieht man die genauere Beobachtung sprachlicher wie körperlicher Ausdrucksweisen im Gefolge von Political Correctness und #MeToo mit in die Betrachtung ein, erhärtet sich die Vermutung eines neuerlichen Schubs der Formalisierung und Kodifizierung des sozialen Austauschs. Der Aufstand der Mikroben könnte das Vorrücken der Scham- und Angstschwellen[160] beschleunigen, in dessen Verlauf lange Zeit unbefragte Praktiken beaufsichtigt, beargwöhnt und im Ergebnis dessen an einem strengeren sozialhygienischen Standard ausgerichtet werden.

Akut ins Bewusstsein drängte die systematische Verzerrung der gesamten gesellschaftlichen Tätigkeitsstruktur, die sich unter dem Kapital herausgebildet und infolge um sich greifender Vermarktlichung weiter verfestigt hat. Als gesellschaftlich notwendig werden nur jene Verrichtungen anerkannt, die zur Verwertung vorgeschossener Werte beitragen. Dieser Umstand allein charakterisiert Arbeit als »produktive Arbeit«, wie sachlich belanglos, entbehrlich oder gar destruktiv das auf diese Weise Erzeugte auch immer sein mag. Wer etwas tut und leistet, das für das Leben und Zusammenleben von Menschen unabdingbar ist, ohne sich jedoch zu rechnen, gilt gemäß dieser strukturellen Dummheit als »unproduktiv« und wird infolgedessen entweder gar nicht oder unter Wert entlohnt. Gäbe es keinen öffentlichen Sektor zur Bewirtschaftung elementarer Bedürfnisse bildete die Profitabilität den einzigen Maßstab zur Beurteilung der Nützlichkeit und Sinnhaftigkeit (entlohnten) menschlichen Tuns. Diesen Sektor gibt es, glücklicherweise, nur klebt unter den herrschenden Verhältnissen an ihm der Makel, unprofitable Arbeiten auf Kosten renditeträchtiger mit den Steuern des produktiven Teils der Erwerbsbevölkerung durchzufüttern. Eine Lehrerin, ein Arzt sind produktive Arbeiter, sofern sie in einer Privatschule bzw. einer Privatklinik tätig sind, und liegen der Allgemeinheit auf der Tasche, wenn eine staatliche Schule oder ein städtisches Krankenhaus sie beschäftigen.

Wertvoll gleich verwertbar, gleich geldwert, markttauglich, schöpferisch: Der Neoliberalismus trieb diese Mystifizierung mit seinem Geschwafel von der »kreativen Klasse« und deren Sportsgeist auf die Spitze. Das rächte sich nun schmerzlich, mit spürbaren Folgen. Die körperliche Erfahrung der Einseitigkeit und der Grenzen der Marktlogik befördern schon heute das Nachdenken über eine andere, bewusstere Art zu leben und zu produzieren. Nach langen Jahren geistiger Ermattung kehrt der Streit im Grundsätzlichen zurück. Statt nur als verlängerte Gegenwart wird Zukunft *als solche* wieder denkbar. Die Schließung offener Gesellschaften als Ferment ihrer konzeptionellen Öffnung: Danke dafür, Plagegeist.

Anmerkungen

1 Elizabeth Anderson, *Private Regierung. Wie Arbeitgeber über unser Leben herrschen (und warum wir nicht darüber reden)*, Berlin 2019, S. 82 f.
2 Philipp Ther, *Das andere Ende der Geschichte. Über die Große Transformation*, Berlin 2019, S. 80. Auf diesen harten Privatisierungskurs schwenkte die Treuhand unter Birgit Breuel ein. Detlev Rohwedder, ihr Vorgänger im Amt des Präsidenten, versuchte an Substanz zu retten, was unter den gegebenen Umständen vor Ausverkauf bzw. Schließung zu retten war.
3 Das sind die Worte des polnischen Publizisten Tomasz S. Markiewka, zitiert in: Jan Opielka, »Autoritär vs. Liberal: Polen am Scheideweg«, in: *Blätter für deutsche und internationale Politik* 10 (2019), S. 55.
4 Karl Popper, *Die offene Gesellschaft und ihre Feinde*, Bd. 2: *Falsche Propheten: Hegel, Marx und die Folgen*, Tübingen 2003, S. 328.
5 Karl Popper, *Die offene Gesellschaft und ihre Feinde*, Bd. 1: *Der Zauber Platons*, Tübingen 2003, S. XIV.
6 Ebd., S. 207.
7 Zum Konzept der »arbeiterlichen Gesellschaft« siehe mein Buch *Die Ostdeutschen. Kunde von einem verlorenen Land*, Berlin 1999.
8 So die Überlieferung eines Originalfragments von Demokrit bei Wilhelm Capelle, *Die Vorsokratiker. Die Fragmente und Quellenberichte*, Berlin 1961, S. 459.
9 Popper, *Die offene Gesellschaft*, Bd. 1, S. 237.
10 Ebd., S. 208 f.
11 Zur Empirie dieser Feststellung vgl. Robert D. Putnam (Hg.), *Gesellschaft und Gemeinsinn. Sozialkapital im internationalen Vergleich*, Gütersloh 2001.
12 Popper, *Die offene Gesellschaft*, Bd. 1, S. 210 f.
13 Wolfgang Schäuble, Präsident des Deutschen Bundestages, informierte in der *tageszeitung* vom 27. Dezember 2019 über die Tücken des ostdeutschen Identitätsgefühls: »Mancher pflegt geradezu den eigenen Opferstatus, statt *selbstbewusst* darauf zu verweisen, den Menschen im Westen eine wertvolle Erfahrung

vorauszuhaben: die *Anpassung* an massive gesellschaftliche Veränderungen.« Hervorhebungen von mir. Aus sozialer Anpassung kann alles Mögliche erwachsen, trotzige Selbstbehauptung zum Beispiel, Stolz ganz sicher nicht.
14 Gesteigerte Verbitterung in Ostdeutschland ... Hier lagen Bauplan *und* Bauleitung in einer Hand, nämlich der westdeutschen, und es vollzog sich der Elitenwechsel per West-Ost-Transfer mit »Buschzulage« für das entbehrungsreiche Leben unter Eingeborenen.
15 Ivan Krastev und Stephen Holmes, *Das Licht, das erlosch. Eine Abrechnung*, Berlin 2019, S. 15.
16 Ebd., S. 92.
17 Ebd., S. 9. Mit sich selber fix und fertig, bar jeder Neugier, verschlief die offene Gesellschaft die Epochenwende triumphierend, verknöcherte, als die Zeit gekommen war, sich aufzufrischen: »Statt den Westen sklavisch nachzuahmen, könnte der Osten sein Alter Ego werden (...). Nur wer die Differenz in Freiheit setzt, kommt der Einheit geistig und praktisch näher. Als Regel gilt: unterschiedliche Lösungen für unterschiedlich gelagerte Probleme; nicht Angleichung der Lebensverhältnisse in quantitativer Hinsicht, sondern Zulassung, Förderung verschiedener Lebensqualitäten und Wettbewerb zwischen ihnen. Dann hätten die Menschen wieder eine Wahl.« Wolfgang Engler, »Friede den Landschaften! Impressionen und Phantasien zur politischen Geographie Ostdeutschlands«, in: *Blätter für deutsche und internationale Politik* 7 (2001), S. 879. Es war zu spät für Interventionen ins Realgeschehen, schon damals. Als dieser Text erschien, waren die Lichter bereits ausgegangen.
18 Heiner Müller, *Traktor*, in: Ders., *Werke*, Bd. 4: *Die Stücke 2*, Frankfurt am Main 2001, S. 503 f.
19 Albert O. Hirschman, *Abwanderung und Widerspruch. Reaktionen auf Leistungsabfall bei Unternehmungen, Organisationen und Staaten*, Tübingen 1974.
20 Vgl. Jason Brennan, *Gegen Demokratie. Warum wir Politik nicht den Unvernünftigen überlassen dürfen*, Berlin 2017.
21 Niccolò Machiavelli, *Vom Staate*, in: Ders., *Gesammelte Schriften in fünf Bänden*, Erster Band, München 1925, S. 18.
22 Niccolò Machiavelli, *Vom Fürsten,* in: Ders., *Gesammelte Schriften in fünf Bänden*, Zweiter Band, München 1925, S. 10.
23 Karl Polanyi, *The Great Transformation. Politische und ökono-*

mische Ursprünge von Gesellschaften und Wirtschaftssystemen, Frankfurt am Main 1978, S. 120.
24 Zitiert nach François Ewald, *Der Vorsorgestaat*, Frankfurt am Main 1993, S. 464.
25 Abram de Swaan, *Der sorgende Staat. Wohlfahrt, Gesundheit und Bildung in Europa und den USA der Neuzeit*, Frankfurt am Main 1993.
26 Émile Durkheim, *Über soziale Arbeitsteilung. Studie über die Organisation höherer Gesellschaften*, Frankfurt am Main 1977, S. 267.
27 Das Standardwerk zu deren Herausbildung verfasste Robert Castel: *Die Metamorphosen der sozialen Frage. Eine Chronik der Lohnarbeit*, Konstanz 2000.
28 Hannah Arendt, *Die Freiheit, frei zu sein*, München 2018.
29 »Die Menschen befinden sich in Gesellschaft. Das ist eine Tatsache natürlicher Ordnung, die ihrer Übereinkunft vorhergeht und ihrem Willen übergeordnet ist.« Léon Bourgeois, *Solidarität. Von den Grundlagen dauerhaften Friedens*, Berlin 2020, S. 48.
30 Popper, *Die offene Gesellschaft*, Bd. 2, S. 217 u. 227.
31 Ebd., S. 327, Hervorhebung von mir.
32 Jens Nordalm, »Das Unbehagen an der Soziologie«, in: *Die Zeit* vom 5. April 2018, S. 47.
33 Karl Mannheim, *Ideologie und Utopie*, Frankfurt am Main 1985, S. 166.
34 Popper, *Die offene Gesellschaft*, Bd. 2, S. 260 f.
35 Ebd., S. 116.
36 Stefan Brunnhuber, *Die offene Gesellschaft. Ein Plädoyer für Freiheit und Ordnung im 21. Jahrhundert*, München 2019, S. 58.
37 Norbert Elias, »Gespräch mit Wolfgang Engler«, in: Norbert Elias, *Gesammelte Schriften*, Bd. 17: *Autobiographisches und Interviews*, Frankfurt am Main 2005, S. 379.
38 Adam Ferguson, *Versuch über die Geschichte der bürgerlichen Gesellschaft*, Frankfurt am Main 1988, S. 117 u. 121.
39 Michael Tomasello, *Warum wir kooperieren*, Frankfurt am Main 2010, S. 36.
40 Michael Tomasello, *Mensch Werden. Eine Theorie der Ontogenese*, Berlin 2020, S. 486 f.
41 Tomasello, *Warum wir kooperieren*, S. 36.
42 Robert Axelrod, *Die Evolution der Kooperation*, München 2009, Abschnitt »Der Erste Weltkrieg: Leben und leben lassen im

Stellungskrieg«. Zu zahlreichen weiteren Belegen für diese solidarische Grundhaltung vgl. Rutger Bregman: *Im Grunde gut. Eine neue Geschichte der Menschheit*, Berlin 2020.

43 Heinz Bude, *Solidarität. Die Zukunft einer großen Idee*, München 2019, S. 56.
44 Ich stütze mich dabei vor allem auf die vorzügliche Darstellung von Franz-Josef Brüggemeier, *Geschichte Großbritanniens im 20. Jahrhundert*, München 2010. Zum Vergleich der englischen Entwicklung mit dem zeitgleichen Geschehen vor allem in Frankreich und Deutschland siehe Tony Judt, *Geschichte Europas von 1945 bis zur Gegenwart*, Frankfurt am Main 2009.
45 Zitiert nach Brüggemeier, *Geschichte Großbritanniens*, S. 276.
46 Ebd., S. 315.
47 Margaret Thatcher, *Downing Street No. 10. Die Erinnerungen*, Düsseldorf 1992, S. 498.
48 Ebd., S. 515.
49 Ebd., S. 173.
50 David Graeber, »Großbritannien oder: Das Ende der Resignation«, in: *Blätter für deutsche und internationale Politik* 6 (2016), S. 50 f.
51 John Lanchester, *Warum jeder jedem etwas schuldet und keiner jemals etwas zurückzahlt*, Stuttgart 2012, S. 33.
52 Zitiert nach Brüggemeier, *Geschichte Großbritanniens*, S. 341.
53 Ebd., S. 375.
54 Annie Ernaux, *Die Jahre*, Berlin 2017, S. 129.
55 Margaret Thatcher, *Die Erinnerungen 1925-1979*, Düsseldorf 1993, S. 657.
56 Ebd., S. 656.
57 Ebd., S. 638.
58 Ebd., S. 660, Hervorhebung von mir.
59 Quinn Slobodian, *Globalisten. Das Ende der Imperien und die Geburt des Neoliberalismus*, Berlin 2019, S. 328 f.
60 Wolfgang Engler, *Bürger, ohne Arbeit. Für eine radikale Neugestaltung der Gesellschaft*, Berlin 2005, S. 223.
61 Zu diesen Differenzen: Daniel Stedman Jones, *Masters of the Universe: Hayek, Friedman, and the Birth of Neoliberal Politics*, Princeton 2012.
62 Zu Verlauf und Ausgang dieser Kontroverse siehe: Grégoire Chamayou, *Die unregierbare Gesellschaft. Eine Genealogie des autoritären Liberalismus*, Berlin 2019, S. 325-345.

63 Wolfgang Streeck, *Gekaufte Zeit. Die vertagte Krise des demokratischen Kapitalismus*, Berlin 2013, S. 121 f.
64 Slobodian, *Globalisten*, S. 311.
65 Als Referenztexte zu diesem Akt vgl. Joseph Vogl, *Das Gespenst des Kapitals*, Zürich 2010; Christian Marazzi, *Verbranntes Geld*, Zürich 2011; Lanchester, *Warum jeder jedem etwas schuldet*; Joris Luyendijk, *Unter Bankern. Eine Spezies wird besichtigt*, Stuttgart 2015; Claudia Honegger, Sighard Neckel und Chantal Magnin (Hg.), *Strukturierte Verantwortungslosigkeit. Berichte aus der Bankenwelt*, Frankfurt am Main 2010; Bethany McLean, »Your House as an ATM: The Myth of Homeownership«, in: Janet Byrne (Hg.), *The Occupy Handbook*, New York 2012; Wolfgang Engler, »Another One Bites The Dust (Der Finanzdienstleister)«, in: Simon Bunke (Hg.), *Im Gewand der Tugend. Grenzfiguren der Aufrichtigkeit*, Würzburg 2017.
66 »Die offene Gesellschaft hat einen Boden, aber keinen Deckel.« Brunnhuber, *Die offene Gesellschaft*, S. 95. Sofern die Grundbedürfnisse befriedigt sind, findet der Autor, ist dem Gemeinwohl hinreichend gedient. Dann kann es mit Vermögen und Einkommen auch mal durch die Decke gehen. »Gleich ist nicht dasselbe wie genug.« (Ebd.)
67 Siehe Rudolf Hilferding, *Das Finanzkapital. Eine Studie über die jüngste Entwicklung des Kapitalismus*, Wien 1910.
68 Den Beitrag der neoliberalen Denkfabriken bei der Abwicklung der globalen Finanzkrise von 2008/09 analysiert im Detail Philip Mirowski, *Untote leben länger. Warum der Neoliberalismus nach der Krise noch stärker ist*, Berlin 2018.
69 Emmanuel Saez und Gabriel Zucman, *Der Triumph der Ungerechtigkeit. Steuern und Ungleichheit im 21. Jahrhundert*, Berlin 2020, S. 123 u. 134 f.
70 Karl Marx und Friedrich Engels, »Manifest der Kommunistischen Partei«, in: Dies., *Werke*, Bd. 4, Berlin 1972, S. 464-467.
71 Hierzu mit umfangreicher Statistik: Ulrich Busch und Rainer Land, »Der Teilhabekapitalismus und sein Ende«, Manuskript, Berlin 2009.
72 Ebd., S. 25-27.
73 »Der einzig durchgängige Gedanke scheint zu sein, dass die Menschen verschuldet sein *sollten*.« David Graeber, *Schulden.*

Die ersten 5000 Jahre, Stuttgart 2012, S. 399, Hervorhebung im Original.
74 Maurizio Lazzarato, *Die Fabrik des verschuldeten Menschen. Essay über das neoliberale Leben*, Berlin 2011, S. 95.
75 Robert Habeck, *Wer wir sein könnten. Warum unsere Demokratie eine offene und vielfältige Sprache braucht*, Köln 2018, S. 74 f.
76 Geoffroy de Lagasnerie, *Verurteilen. Der strafende Staat und die Soziologie*, Berlin 2017, S. 74.
77 Ebd., S. 128.
78 Robert Castel, *Die Stärkung des Sozialen. Leben im neuen Wohlfahrtsstaat*, Hamburg 2005, S. 105.
79 Michel Foucault, *Überwachen und Strafen. Die Geburt des Gefängnisses*, Frankfurt am Main 1976, S. 248.
80 Alexis de Tocqueville, *Der alte Staat und die Revolution*, München 1978, S. 103.
81 Tristan Garcia, *Wir*, Berlin 2018, S. 271 f.
82 »Sozialheldinnen und -helden braucht es dort, wo es den organisierten Hilfssystemen an Geld und Personal fehlt oder sie in anderer Weise defizitär sind (...). Das hohe Lied des Alltagsheroismus liefert so die Begleitmusik zum neoliberalen Rückbau wohlfahrtsstaatlicher Leistungen.« Ulrich Bröckling, *Postheroische Helden. Ein Zeitbild*, Berlin 2020, S. 198.
83 Andreas Reckwitz, *Die Gesellschaft der Singularitäten*, Berlin 2017, S. 432. »Die Verdrängung der offenkundigen Tatsache, dass jede Mitte zweier Extreme bedarf, folgt der neoliberalen Doktrin, dass soziale oder gar wirtschaftliche Klassen (Arbeiterklasse, Oberschicht, Proletariat) schlechterdings nicht existieren.« Mirowski, *Untote leben länger*, S. 123.
84 Reckwitz, *Gesellschaft der Singularitäten*, S. 278.
85 Christian Bangel et al., »Die Millionen, die gingen. Die Ost-West-Wanderung«, online abrufbar: {www.zeit.de/politik/deutschland/2019-05/ost-west-wanderung-abwanderung-ostdeutschland-umzug} (letzter Zugriff am 06.10.2020).
86 Wendy Brown, *Mauern. Die neue Abschottung und der Niedergang der Souveränität*, Berlin 2018, S. 7.
87 Ebd., S. 113.
88 »Es war ein Fehler, in den 80er und 90er Jahren eine Globalisierung loszutreten, ohne die Notwendigkeit zu sehen, den Nationalstaat als liberale Körperschaft zu stützen. Es hatte zur Folge, dass die Einzigen, die über einen Nationalstaat redeten, Nationa-

listen waren. Ich denke, dass dies den Weg für Politiker wie Trump bereitet hat.« Dies ist die Ansicht der amerikanischen Historikerin Jill Lepore im Gespräch mit der *Berliner Zeitung* (Ausgabe vom 28. November 2019) über ihr Buch *Diese Wahrheiten. Eine Geschichte der Vereinigten Staaten von Amerika*, München 2019.
89 Arlie R. Hochschild, *Fremd in ihrem Land: Eine Reise ins Herz der amerikanischen Rechten*, Frankfurt am Main/New York 2016, S. 178.
90 Vgl. ebd., S. 190 ff. Zum »Elend« der weißen Arbeiterklasse aus eigener Erfahrung vgl. J. D. Vance, *Hillbilly-Elegie. Die Geschichte meiner Familie und einer Gesellschaft in der Krise*, Berlin 2017; ferner: George Packer, *Die Abwicklung. Eine innere Geschichte des neuen Amerika*, Frankfurt am Main 2014.
91 Cornelia Koppetsch, *Die Gesellschaft des Zorns. Rechtspopulismus im globalen Zeitalter*, Bielefeld 2019, S. 20.
92 Heinz D. Kittsteiner, *Die Entstehung des modernen Gewissens*, Frankfurt am Main 1991, S. 408.
93 »Für die Herrschenden ist die Politik weitgehend eine ästhetische Frage: eine Art, sich zu denken, sich zu erschaffen, eine Weltsicht. Für uns ist sie eine Frage von Leben und Tod.« Édouard Louis, *Wer hat meinen Vater umgebracht*, Frankfurt am Main 2019, S. 71.
94 Ivan Krastev, »Sieben Corona-Paradoxien. Was das Virus mit uns gemacht hat«, in: *Neue Zürcher Zeitung* vom 15. Juni 2020.
95 Wolfgang Merkel, »Kosmopolitismus versus Kommunitarismus. Ein neuer Konflikt in der Demokratie«, in: Philipp Harfs, Ina Kubbe und Thomas Poguntke (Hg.), *Parties, Governments and Elites. The Comparative Study of Democracy*, Wiesbaden 2017.
96 So der berühmt gewordene Satz aus dem Film *Der Mann, der Liberty Valance erschoß* von John Ford aus dem Jahr 1962.
97 »Nur die wohlhabendsten Industriegesellschaften der Welt, mehrheitlich auf der nördlichen Halbkugel, konnten überhaupt eine offene Gesellschaft in Gestalt einer radikal-liberalen Demokratie entwickeln (…) Und nur die reichsten Gesellschaften haben dieses Modell über Jahrzehnte halten können.« Roland Benedikter, »Gealterter Idealismus. Zur Kritik von 1968 aus heutiger Zeitlage«, online abrufbar auf {www.heise.de/tp/features/Gealterter-Idealismus-Zur-Kritik-von-1968-aus-heutiger-Zeitlage-4093851.html} (letzter Zugriff 06.10.2020).

98 »Aus der ›post-bürokratischen Subjektkultur‹ ging ein ›konsumptorisches Kreativsubjekt‹ hervor, welches zum ›Unternehmer seines Selbst‹ in einer Konstellation des Wählens und Gewähltwerdens wurde.« Sven Reichhardt, *Authentizität und Gemeinschaft. Linksalternatives Leben in den siebziger und frühen achtziger Jahren*, Berlin 2014, S. 889.
99 Die Literatur zu diesem Thema ist umfänglich. Hier nur wenige Verweise: Mark Siemons, *Jenseits des Aktenkoffers. Vom Wesen des neuen Angestellten*, München/Wien 1997; Luc Boltanski und Ève Chiapello, *Der neue Geist des Kapitalismus*, Konstanz 2003; Eva Illouz, *Die Errettung der modernen Seele. Therapien, Gefühle und die Kultur der Selbsthilfe*, Frankfurt am Main 2009; Alain Ehrenberg, *Das Unbehagen in der Gesellschaft*, Berlin 2011; Christoph Bartmann, *Leben im Büro. Die schöne neue Welt der Angestellten*, München 2012. Zum Rollenverständnis des neuen Angestellten: Wolfgang Engler, *Authentizität! Von Exzentrikern, Dealern und Spielverderbern*, Berlin 2017.
100 Daher der publizistische Lobgesang auf diese Gruppe. Siehe jüngst: Torben Iversen und David Soskice, *Democracy and Prosperity. Reinventing Capitalism through a Turbulent Century*, Princeton 2019.
101 Koppetsch, *Die Gesellschaft des Zorns*, S. 125. So manche Kritiker verübelten der Autorin ihre notorische Polemik gegen das kommode Selbstverständnis der kosmopolitischen Mitte und nahmen deren Verletzung elementarer Standards wissenschaftlichen Arbeitens zum Anlass, dieses Ärgernis gleich mit zu entsorgen.
102 Der englische Publizist Nigel Rees spürte solchen Übertreibungen und Fehlleistungen zu der Zeit nach, als sie aufkamen und sich ausbreiteten: *The Politically Correct Phrasebook. What They Say You Can And Cannot Say in the 1990s*, London 1993.
103 Bernd Stegemann, *Die Moralfalle. Für eine Befreiung linker Politik*, Berlin 2019, S. 99 f.
104 Interview in der *Berliner Zeitung* vom 2./3. November 2019, S. 27.
105 »Bei vielen desillusionierten Bürgern weckt das Stichwort Weltoffenheit heute eher Angst als Hoffnung.« Krastev/Holmes, *Das Licht, das erlosch*, S. 9.
106 Eine Langzeitstudie aus dem Göttinger Institut für Demokratieforschung belegt empirisch, dass ›Kosmopoliten‹, wenn sie

auf Menschen von der anderen Seite treffen, oft eine autoritäre, bevormundende Haltung an den Tag legen, diese verbal einschüchtern, den Diskurs an sich reißen. Vgl. Julian Schenke et al., *Pegida-Effekte? Jugend zwischen Polarisierung und politischer Unberührtheit*, Bielefeld 2018.

107 Koppetsch, *Die Gesellschaft des Zorns*, S. 81. Sinnverwandt äußert sich Nancy Fraser, wenn sie von »progressivem Neoliberalismus« spricht: »Wir brauchen eine Politik der Spaltung«, in: *Philosophie Magazin* 12 (2018). Dass die »akademische Mitte« keine Einheit bildet, ökonomisch so wenig wie politisch und kulturell, wurde spätestens bei der »Gemeinsamen Erklärung 2018« deutlich. Fast durchgehend von Akademikern unterzeichnet, von Juristen, Medizinern, Theologen, auch einigen Künstlern, erhob sie öffentlich Klage gegen »eine Beschädigung Deutschlands durch eine illegale Masseneinwanderung«; zum Verdruss ›kulturlinker‹ Akademiker.

108 Marco d'Eramo, *Die Welt im Selfie. Eine Besichtigung des touristischen Zeitalters*, Berlin 2018, S. 126.

109 Auch hier sei nur auf wenige, ausgesuchte Beiträge zu diesem Thema aus jüngerer Zeit verwiesen: Mark Lilla, *The Once and Future Liberal. After Identity Politics*, New York 2017; Hanno Rauterberg, *Wie frei ist die Kunst? Der neue Kulturkampf und die Krise des Liberalismus*, Berlin 2018; Guillaume Paoli, *Die lange Nacht der Metamorphose. Über die Gentrifizierung der Kultur*, Berlin 2018; Thea Dorn, *deutsch, nicht dumpf. Ein Leitfaden für aufgeklärte Patrioten*, München 2018; Stegemann, *Die Moralfalle*.

110 »Die Klage mag aufgrund der vorhandenen Beweise unbegründet sein und zurückgewiesen werden, das vermeintliche Opfer sollte gleichwohl angehört werden. Seine Stimme ist allen anderen vorzuziehen, denn ohne seine Aussage lässt sich unmöglich entscheiden, ob es eine Ungerechtigkeit oder ein Unglück erlitten hat.« Judith N. Shklar, *Über Ungerechtigkeit. Erkundungen zu einem moralischen Gefühl*, Berlin 1992, S. 149.

111 Jagoda Marinić, *Sheroes. Neue Held*innen braucht das Land*, Frankfurt am Main 2019, S. 41.

112 Gabriel de Tarde, *Die Gesetze der Nachahmung*, Frankfurt am Main 2003, S. 27.

113 François Jullien, *Es gibt keine kulturelle Identität*, Berlin 2017.

114 Bertolt Brecht, »Aus dem Lesebuch für Städtebewohner«, in:

Ders., *Große kommentierte Berliner und Frankfurter Ausgabe*, Bd. 11: *Gedichte 1, Sammlungen 1918-1938*, Berlin/Frankfurt am Main 1988, S. 157.
115 Eric Hobsbawm, »Identity Politics and the Left«, in: *New Left Review* 217 (1996), S. 38.
116 Dorn, *deutsch, nicht dumpf*, S. 85.
117 Pierre-Michel Menger, *Kunst und Brot. Die Metamorphosen des Arbeitnehmers*, Konstanz 2006, S. 10.
118 Wolfgang Engler, »Entfremdung verboten! Die Fallstricke des Authentischen und die Freiheit des Spiels. Gespräch mit Frank M. Raddatz«, in: *Lettre International* 114 (2016). Der erste Teil des Titels bedient sich einer prägnanten Formulierung von Mark Siemons aus dessen weiter oben erwähntem Buch.
119 Rauterberg, *Wie frei ist die Kunst?*, S. 115.
120 Ebd., S. 119.
121 Diese Dynamik tritt verstärkt seit den 1980er-Jahren auf, siehe hierzu: Wolfgang Engler, »Was ist privat, politisch, öffentlich«, in: *Leviathan. Zeitschrift für Sozialwissenschaft* 4 (1994).
122 »Die offene Gesellschaft hat die geschlossene in sich aufgenommen und zu ihrem konstitutiven Prinzip gemacht.« Johann Braun, »Die offene Gesellschaft und ihre Grenzen«, in: *Rechtstheorie* 46 (2015), S. 176.
123 Wendy Brown, »Demokratie unter Beschuss: Donald Trump und der apokalyptische Populismus«, in: *Blätter für deutsche und internationale Politik* 8 (2017), S. 6.
124 Thomas Nipperdey, *Deutsche Geschichte 1866-1918*, Zweiter Band: *Machtstaat vor der Demokratie*, München 1995, S. 160 f.
125 Dazu sehr zu empfehlen: Christoph Bartmann, *Die Rückkehr der Diener. Das neue Bürgertum und sein Personal*, München 2016.
126 Philip Manow, *(Ent-)Demokratisierung der Demokratie. Essay*, Berlin 2020, S. 51
127 Hans-Georg Soeffner, »Volk ohne Traum?«, Alexander Carius, Harald Welzer und Andre Wilkens (Hg.), *Die offene Gesellschaft und ihre Freunde*, Frankfurt am Main 2016, S. 32.
128 Georg Diez, »Boten der Zukunft«, in: ebd., S. 19.
129 Tina Soliman, »Wie wollen wir leben?«, in: ebd., S. 97.
130 Stefan Wegner, »Ich liebe die Lügenpresse«, in: ebd., S. 65.
131 Alexander Carius, »Eine Probebohrung ins deutsche Selbstverständnis – Die offene Gesellschaft ist mehrheitsfähig!«, in: ebd., S. 174.

132 Milo Rau, »Ich bin auch ein Arschloch. Fünf Punkte gegen den zynischen Humanismus oder wie man anfängt, die Welt zu retten. Ein Aufruf zum Umdenken«, in: ebd., S. 165.
133 Pierre Bourdieu et al., *Das Elend der Welt. Zeugnisse und Diagnosen alltäglichen Leidens an der Gesellschaft*, Konstanz 1997, S. 19, Hervorhebung im Original.
134 Friedrich von Borries, »Die Stadt der offenen Gesellschaft«, in: Alexander Carius, Harald Welzer und Andre Wilkens (Hg.), *Die offene Gesellschaft und ihre Freunde*, Frankfurt am Main 2016, S. 184.
135 Wolfgang Streeck, »Wie wird der Kapitalismus enden?«, in: *Blätter für deutsche und internationale Politik* 3 (2015), S. 109.
136 Friedrich Nietzsche, *Unzeitgemäße Betrachtungen*, Zweites Stück: Vom Nutzen und Nachteil der Historie für das Leben, in: Ders., *Werke. Kritische Gesamtausgabe*, hg. von Giorgio Colli und Mazzino Montinari, 3. Abteilung, Bd. 1, Berlin/New York 1972, S. 280 f.
137 Birger Menke, »Was von der Schulreform übrig bleibt«, {www.spiegel.de/lebenundlernen/schule/hamburger-volks-entscheid-was-von-der-schulreform-uebrig-bleibt-a-707278.html} (letzter Zugriff am 14.10.2020).
138 Heike Buchter, »Bei den eigenen Privilegien hören die Proteste auf« {www.zeit.de/politik/ausland/2020-06/proteste-usa-new-york-weisse-mittelschicht} (letzter Zugriff am 14.10.2020).
139 »The problem of racism is primarily social and structural – the laws, practices and institutions that maintain discrimination. The stress on white privilege turns a social issue into a matter of personal and group psychology (…). Some analyses suggest that the best predictor of police killing is not race but income levels – the poorer you are, the more likely yor are to be killed. Other studies have shown that the startling high prison numbers in America are better explained by class than by race. African Americans, disproportionately working class and poor, are also likely to be disproportionately imprisoned and killed.« Kenan Malik, »White privilege is a distraction, leaving racism and power untouched«, in: *The Guardian* vom 14. Juni 2020. Rassische Diskriminierung ist ungeachtet dessen ein Problem für sich, von alters her, und rein ökonomisch nicht zu lösen. Allerdings wäre

die (Selbst-)Kritik der weißen Weltoberschicht glaubwürdiger, wenn ihr Taten folgen würden. Ohne die Bereitschaft der Privilegierten zu sozial gemischtem Lernen, Wohnen, Arbeiten, Vergnügen bleibt das Bekenntnis zur offenen Gesellschaft ein Lippenbekenntnis.

140 Jeremy Rifkin, *Die Null Grenzkosten Gesellschaft. Das Internet der Dinge, Kollaboratives Gemeingut und der Rückzug des Kapitalismus*, Frankfurt am Main 2014, S. 25.
141 Ebd., S. 115.
142 Paul Mason, *Postkapitalismus. Grundrisse einer kommenden Ökonomie*, Berlin 2015, S. 158, 279 u. 314. Zu Anknüpfungspunkten des Übergangs zu einer bewussten Vergesellschaftung ohne Rückgriff auf ein Metasubjekt vgl. Raul Zelik, *Wir Untoten des Kapitals. Über politische Monster und einen grünen Sozialismus*, Berlin 2020.
143 W. I. Lenin, »Konspekt zu Hegels ›Wissenschaft der Logik‹«, in: Ders., *Werke*, Bd. 38, Berlin 1973, S. 115 f.
144 Samuel Scheffler, *Der Tod und das Leben danach*, Berlin 2015.
145 Naomi Klein, »Radikal machbar. Neun Gründe für den Green New Deal«, in: *Blätter für deutsche und internationale Politik* 12 (2019). »Ja, es geht einiges zu Ende dieser Tage: die goldenen Jahre der letzten großen Konjunktur, die Dominanz des euro-amerikanischen Kapitalismus, die Illusion einer unendlich verwertbaren Natur (…), die Vorstellungen von Eigentum, die mit der neolithischen Revolution in die Welt kamen«, so Matthias Grefrath, »Im Zeitalter der Verwüstung. Vom notwendigen Ende einer Epoche«, in: *Blätter für deutsche und internationale Politik* 1 (2020), S. 73.
146 Hierzu nochmals Mirowski, *Untote leben länger*, S. 285-293.
147 Chamayou, *Die unregierbare Gesellschaft*, S. 236.
148 Ebd., S. 262.
149 Zygmunt Bauman, *Retrotopia*, Berlin 2017, S. 158.
150 Dies der Titel eines Artikels von Guillaume Paoli in: *Der Freitag* vom 26. September 2019.
151 Daniele Dell'Agli, »Niemandsrechte mit Ewigkeitsklausel II«, {www.perlentaucher.de/essay/2019/niemandsrechte-mit-ewigkeitsklausel-ii.html} (letzter Zugriff am 14.10.2020), dort auch zahlreiche Literaturverweise zu naturvertraglichen Konzeptionen.
152 Frank M. Raddatz, »Bühne und Anthropozän. Dramatische

Poesie der Zukunft – eine theaterästhetische Spekulation«, in: *lettre international*, Herbst 2018, S. 73.

153 Die »Rache der Zeit«, die untätig verging, äußert sich darin, dass nun keine Zeit für umständliche Erörterungen mehr bleibt. David Wallace-Wells, »Ausblick auf das Höllenjahrhundert«, in: *Blätter für deutsche und internationale Politik* 11 (2019), S. 55.

154 In der Ausgabe vom 15. März 2020.

155 »Es reicht nicht, den Menschen Geld zu schenken«. Interview von Jenni Roth mit Marjukka Turunen, {www.zeit.de/arbeit/2020-05/grundeinkommen-finnland-arbeitsmarkt-grundsicherung-experiment-psychische-gesundheit/komplettansicht} (letzter Zugriff am 05.08.2020).

156 »Das Grundeinkommen ist nichts weiter als eine Abwrackprämie für Menschen« – so der DGB-Vorsitzende Reiner Hoffmann, vgl. {www.focus.de/finanzen/news/auf-dem-falschen-weg-dgb-chef-das-grundeinkommen-ist-nichts-weiter-als-eine-abwrackpraemie-fuer-menschen_id_11986950.html} (letzter Zugriff am 05.08.2020). Welch hausbackenes, stockkonservatives Menschenbild steckt hinter diesen Worten!

157 Thomas Piketty, »Eigentum auf Zeit. Elemente eines partizipativen Sozialismus für das 21. Jahrhundert«, in: *Blätter für deutsche und internationale Politik* 5 (2020). Siehe ausführlich: Thomas Piketty, *Kapital und Ideologie*, München 2020.

158 »Eine Arbeitsplatzgarantie würde jeder Bürgerin und jedem Bürger Zugang zu einer Arbeit bieten, die ein Leben in Würde ermöglicht (…). Eine Arbeitsplatzgarantie würde es den Regierungen ermöglichen, auf lokaler Ebene menschenwürdige Arbeit bereitzustellen und gleichzeitig zu den immensen Anstrengungen im Kampf gegen den ökologischen Zusammenbruch beizutragen.« Die deutsche Fassung dieses Manifests, das erkennbar die Handschrift von Piketty trägt, ist online abrufbar unter {www.zeit.de/kultur/2020-05/wirtschaften-nach-der-pandemie-demokratie-dekommodifizierung-nachhaltigkeit-manifest/komplettansicht} (letzter Zugriff am 05.08.2020).

159 John Maynard Keynes, *Allgemeine Theorie der Beschäftigung, des Zinses und des Geldes*, Berlin 2002, S. 321.

160 Ich beziehe mich auf Norbert Elias, der von einem »Vorrücken der Scham- und Peinlichkeitsschwellen des Verhaltens« sprach.

Erste Auflage Berlin 2021
Copyright der deutschen Ausgabe © 2021
MSB Matthes & Seitz Berlin Verlagsgesellschaft mbH
Göhrener Str. 7 | 10437 Berlin
info@matthes-seitz-berlin.de

Alle Rechte vorbehalten.

Umschlaggestaltung: Dirk Lebahn, Berlin
Satz: Monika Grucza-Nápoles, Berlin
Druck und Bindung: GGP Media GmbH, Pößneck
ISBN 978-3-7518-0300-7
www.matthes-seitz-berlin.de